大学在线教育

教学研究

陈 虹◎著

DAXUE ZAIXIAN
JIAOYU

JIAOXUE YANJIU

中国财经出版传媒集团

经济科学出版社
Economic Science Press

北京

图书在版编目（CIP）数据

大学在线教育教学研究/陈虹著 . – – 北京：经济
科学出版社，2024.5
ISBN 978 - 7 - 5218 - 5929 - 4

Ⅰ. ①大… Ⅱ. ①陈… Ⅲ. ①高等学校 – 网络教育 –
教学研究 Ⅳ. ①G64

中国国家版本馆 CIP 数据核字（2024）第 105384 号

责任编辑：李　雪　袁　漱
责任校对：刘　昕
责任印制：邱　天

大学在线教育教学研究

陈　虹　著

经济科学出版社出版、发行　新华书店经销
社址：北京市海淀区阜成路甲 28 号　邮编：100142
总编部电话：010 – 88191217　发行部电话：010 – 88191522
网址：www. esp. com. cn
电子邮箱：esp@ esp. com. cn
天猫网店：经济科学出版社旗舰店
网址：http://jjkxcbs. tmall. com
固安华明印业有限公司印装
710 × 1000　16 开　15 印张　160000 字
2024 年 5 月第 1 版　2024 年 5 月第 1 次印刷
ISBN 978 - 7 - 5218 - 5929 - 4　定价：76.00 元
（图书出现印装问题，本社负责调换。电话：010 – 88191545）
（版权所有　侵权必究　打击盗版　举报热线：010 – 88191661
QQ：2242791300　营销中心电话：010 – 88191537
电子邮箱：dbts@ esp. com. cn）

前　　言

随着互联网和人工智能的发展，我国在线教育教学规模持续扩大。如何保障大学教学的质量，如何适应新的形势和学生新的需求，成为社会各界关注的重要问题。传统的线下教育模式受到限制的背景下，在线教育作为一种新兴的教育模式，能够打破时空限制，使教学资源能够进行优化和共享，提高了教育的效率，能够适应多样化和个性化的高等教育需要，为高校教育的发展注入了生机。在线教育中，大学在线教育是至关重要的部分，也是先行者和领导者。大学在线教育的发展能够提高大学的教育质量和水平，促进大学的教育改革创新，增强大学的社会影响力和竞争力。研究大学在线教育教学的发展，对于提升在线学习的效率与质量，推动在线教育的健康发展，具有重大的理论与现实意义。

本研究首先对在线教育的相关文献进行了梳理，对在线教育的发展现状有了一定的认识。其次整理了自新中国成立以来教育教学方式的相关制度变迁，对在线教育发展政策环境进行全面的分析。最后基于实地调查的第一手数据，实证分析了在线教育发展的重要性和必要性。从学生和教师双重视角出发，将学生和教师的个人特征、学习或教学单位特征，以及在线学习和教学特征等因素纳入考察范围，运用 Probit 和 Oprobit 模型考察了学生在线学习意愿的影响因素，以及学生在线学习效果的影响因素，采用 Mlogit 计量模型实证分析了教师在线教育供给的影响因素，了解学生和教师在线学习和教学中所面临的阻力与动力，为在线教育政策制定和实践提供有益的参考。

研究发现，学习频率、课堂互动、学习效率以及学习状态对大学生在线学习意愿具有明显的促进作用，能够提高学习的效果与持续性；在学生进行线上学习的过程中，对学习结果的追求，是影响学生网上学习意愿的主要因素；学习平台的建设对学生做出在线学习选择有明显的促进作用，有利于提高学生在线学习意愿；学生在线学习的学习意愿和满意度在不同区域各不相同，东部地区在线教育的发展具有明显的优势；学习频率、课堂互动满意度、课堂回放三个因素对线上学习效果具有显著作用；学生在线上学习的过程中学习习惯非常重要，网络学习平台的要求和监督能够改善线上学习效果；学生在线学习的学习效果在不同性质的学校各不相同；年龄对教师在线教育的供给意愿具有显著影响；学生的学习热情对教师的供给意愿具有显著的促进作用。

　　为了促进在线教育的发展，本研究建议采取以下措施：提升在线学习参与度，加强学生沟通协作；提升线上学习的技巧，使其更有效率；制定合适的目标，以增强学习的成就感；制定明确的学习计划，以确保良好的学习体验；合理利用线上学习工具，养成独立思考的能力；建立在线教学能力评价和激励机制，提高教师在线教学的积极主动性；丰富在线教育的内容和形式，发挥在线教学的灵活性；整合在线教育教学资源，激发学生兴趣；完善线上教育教学监管制度，以保证线上课堂的质量；加强在线教学培训和指导，提高教师在线教学的水平和能力；选择合适的线上教学平台，提高在线教学线上教育的效率；优化在线课程网络平台，发挥互联网优势；增加在线教学资源和平台的投入和建设，保证在线教学的顺利进行；加强在线教学的研究和创新，探索良好的规律和模式；加强家庭和社会的支持和配合，保证在线学习顺利进行。

目 录
CONTENTS

第一章

引　言

第一节　研究背景与意义

在线教育是指利用信息技术和网络平台，实现教师和学生在不同的时间和空间进行教学和学习的一种教育模式。近年来，随着互联网的普及和发展，以及教育需求的多样化和个性化，在线教育得到了快速发展和广泛应用。在线教育的内容和形式不断丰富和创新。在线教育的内容涵盖了语文、数学、英语等基础学科，也包括了编程、美术、音乐等特色学科，甚至还有了心理、健康、生活等跨学科的内容，为学习者提供了更多的学习选择和可能。在线教育的形式也从单一的视频、音频、文本等，发展到了直播、互动、游戏、虚拟现实等，为学习者提供了更多的学习方式和体验。疫情防控期间，各个学校借助互联网平台的技术支持推进在线学习方案，这一举措使得在线教育加速渗透。因此，研究大学生在线教育，对于在线教育的推广和发展具有重要意义。

在线教育作为一种新的教育模式，在未来的教育发展过程中重要性会逐渐上升，学习者的在线学习持续意愿是提升在线教育效益的关键。对于在线学习学生的持续意愿的研究是以学生为主体开展的，从国际上来看，国外学者对于此类的研究不断投入和深入，通过年度相关的发文量可以看出其研究内容逐渐增多。在国内也有许多关于在线学习持续意愿的研究成果，由此可见，国内外都非常重视在线学习持续意愿对于在线教育发展的重要作用。本书对影响教师在线教育供给、学生在线学习意愿以及学生在线学习效果的因素进行了分析，提出在线教育教师供给、学生学习意愿和学习效果的提升策略，以期对相关理论研究做出进一步的贡献。

在线学习在未来的教学方式中会逐渐占据更大的比例，而现阶段，在线学习的模式存在的问题也需要得到解决，才能够促进其发展。例如，在线学习机制、互动模式、学生的学习兴趣和持续学习的意愿不高等问题饱受诟病。缺乏对线上学习的持续性会对学生的学习效果产生负面影响，并导致在线学习的优势无法得到充分利用，同时还会造成优质课程资源的浪费等问题。因此，学生需要保持对线上学习的持续性，以充分利用在线学习平台提供的学习资源和优势。目前，在线学习的相关研究和实践中，从学习者的角度来看，如何提升其持续学习意愿是在线教育亟待解决的问题。本研究提出一系列具有操作性的方法策略，可供学习者直接采纳应用，具有现实意义。

第二节　研究目标及研究方法

一、研究目标

本书的整体研究目标是通过深入分析教师在线教育供给、学生在线学习意愿以及学生在线学习效果的影响因素，寻找对在线教育发展具有重要意义的影响变量，根据研究结果为稳定教师在线教育供给、提升大学生在线持续意愿和增强大学生在线学习效果建言献策，同时也为高等教育的在线教育的发展与研究提供参考。主要研究目标如下：

第一，梳理和总结有关大学生在线教育教学的国内外文献研究。已有研究主要集中在一般背景下的情境，对于特殊背景下的在线教育教学仍需进一步深入研究。此外，现有研究多注重定性分析，在定量研究和实证分析方面还存在不足，需要更多综合性、深入性的研究来完善现有知识体系。

第二，分析中国教育教学方式的历史变迁。对新中国成立以来的教育教学方式政策进行梳理，可以为大学在线教育教学的发展提供方向和思路，从而建立更加高效、内容更丰富的在线教育模式，进一步满足学生在线学习的要求，促进在线教育事业的高质量发展。

第三，考查学生在线学习意愿的影响因素。利用实证分析的结果得出研究结论，提出针对性的策略或建议，以在线学习者、在线课程、在线平台、交互行为和教师支持五个方面为切入点，目的是增强大学生在网上学习的持续性，从而使他们能够持续在网上学习，使线上学习的质量与能力得到进一步的提高。

第四，检验影响线上学习效果的因素。研究各种线上学习效果的作用因素，寻找较为重要的因素，为提高学生在线学习效果提供良好的建议。对学生学习效果影响因素的分析能够为学生在线学习提供良好的方法和建议，提高大学在线教育教学质量。

第五，分析教师在线教育供给的影响因素。在线教育不仅需要提高学生的意愿和学习效果，也需要深入研究教师在线教育供给问题，从而提高教师在线教育供给的质量和效率。分析影响教师在线教育供给的影响因素，通过具体的实证分析结果提出建议。

第六，提出提高大学生在线教育教学的政策建议。根据本课题的研究成果，提出相关建议。许多学校、老师、家长、学生在接触这种新型教育教学模式时并不能很好地适应，这使得学生线上教育的学习效率要远远低于线下教育，很难切实满足家长对子女教育的需求。所以，在网络大环境下，需要加速建立和改进在线教育和教学模式。

二、研究方法

第一，文献分析法。对相关文献进行搜集、梳理、综合，可以加深对大学在线教育领域下研究方法、理论和成果的了解，厘清思路，同时也可以帮助了解该领域中的空白部分和不足之处，从而进行后续研究。另外，文献分析法还可以借鉴在线教育领域中的研究成果，通过阅读权威期刊来了解在线教育领域的重要发展动向，使本书的研究更加深入翔实。

第二，问卷调查法。问卷调查是常用的定量分析方法，本研究通过前期文献分析，结合学生在线学习和教师在线教学的特点，设计了一份大学生学习效果的调查问卷和一份教师在线教育的调查研究。该问卷通过学校和专业负责人进行发放，以了解高校学生和教师在线教育的实际情况，为学生在线学习意愿、学习效果，以及教师在线教学的影响因素研究提供了重要的数据支持。

第三，统计分析方法。该方法可以精确地对研究目标进行统计与分析，有助于对研究目标的发展与变化规律进行分析，从而对研究目标做出精确的预测与解释。统计分析方法应用范围广泛，本研究采用该方法对调查问卷收集到的数据进行整理分析，以深入研究主要变量的影响因素。本研究运用了有效的调查问卷资料，进行了实证分析，并在此基础上提出了一些建设性意见。

第三节　数据来源

本研究通过文献分析，结合学生在线学习和教师在线教学的特点，设计了大学的学生在线学习效果的调查问卷和教师在线教育的调查研究。

首先，为提高在线教学的效果和质量，探讨大学生在线学习的意愿、效果影响因素，本研究设计了一份包含 47 个问题的在线问卷，采用随机抽样的方法，在 2023 年 9 月向全国各地的本科、硕士和博士研究生在读的在校大学生发放，共发放 1068 份问卷，收回有效问卷 1068 份，有效率 100%，所有问卷均通过学校和专业负责人发放，以保证问卷反映学生的情况与实际相符合。问卷的内容主要包括以下几个方面：个人基本信息（年龄、性别、专业等）；学校基本信息（学校师生人数、类型、所在城市等）；在线学习的使用情况（在线学习的学习频率、效果、时间等）；在线学习的态度（对在线学习的满意度、效果等）。

其次，为提高在线教学的效果和质量，探讨大学教师在线教育供给和影响因素，本研究采用随机抽样的方法，在 2023 年 9 月向全国各地高校的老师发放调查问卷，共发放 223 份，收回有效问卷 223 份，有效率 100%，能够保证问卷反映的情况与实际相符合。问卷的内容主要包括以下几个方面：个人基本信息（性别、年龄、授科目类别、健康状况、收入增加程度等）；教学单位基本信息（教学单位水平、性质、类型、所在城市等）；在线教学情况（学生学习积极性、课堂互动频率、学习成绩、学习效果比较、替代可能性等）。

第四节 拟解决的关键问题及创新之处

本研究拟解决的关键问题如下：第一，对大学在线教育教学进行整体性分析；第二，确定影响大学生学习意愿的相关影响因素，力图找到影响大学生保持良好在线学习意愿的路径；第三，寻找影响大学生网上学习成效的因素，发现大学生保持良好学习效果的方法；第四，分析教师在线教育供给及其重要影响因素；第五，厘清什么因素影响学生在线学习意愿、学习效果，以及教师在线教育供给，进而提出针对性建议。

本研究的特色及创新之处如下：

第一，拓展持续进行线上学习意愿的研究视角，进一步完善相关理论。在线教育作为一种新的教育模式，并且在未来的教育发展过程中其重要性会逐渐上升，学习者的在线学习持续意愿是提升在线教育效益的关键。对在线学习学生的持续意愿的研究是以学生为主体开展的，从国际上来看，伴随国外学者对于此类的研究不断地投入和深入，相关的发文量可以看出其研究内容逐渐增多。在国内也有许多关于在线学习持续意愿的研究成果，由此可见，国内外都非常重视在线学习持续意愿对于在线教育发展的重要作用。因此，本研究探究大学生在线教育教学，总结研究结论，提出在线学习意愿、学习效果，以及教师供给提升策略，以期对相关理论研究做出进一步的贡献。

第二，对线上课程的设计与实现具有一定的借鉴意义。本研究旨在构建并验证影响在线学习意愿、学习效果，以及教师供给模型，提出相应策略。通过本研究的成果，我们能够更好地了解学生在线学习的影响因素，以及如何更有效地促进学生的学习积极性和持续性，为在线学习的实践提供有益的指导和参考。通过问卷调查和科学的分析得出有效的结论，这对于未来在线教育的发展和创新具有实际应用价值。本研究提出的相关策略和应用有助于在线教育的进一步发展，进而促进学习者更好地参与在线学习，提高其参与度、完成率和学习兴趣，提升学业成绩和知识积累，打造在线学习共同体，为促进我国教育水平的提升做出贡献。

第五节 研究框架及研究内容

一、研究框架

本书梳理了我国教育教学方式的历史变迁，综述了国内外学者关于大学生在线教育教学的研究动态。首先，梳理和总结了有关学生在线学习意愿、学习效果，以及教师在线教育供给的国内外文献。其次，分析了我国教育教学方式的历史变迁，为当前大学教育教学提供方向和思路。再次，分别考察了大学生在线学习意愿、在线学习效果，以及教师在线教育供给的影响因素，从中提取出重要内容。最后，在前文研究基础上，为提高高校线上教学质量提出针对性的对策。

二、研究内容

大学在线教育的发展对于提高大学的教育质量和水平，促进大学的教育改革和创新，增强大学的社会影响力和竞争力，具有重要的意义和价值。互联网快速发展的背景下，大学在线教育面临着空前的机会与挑战。一方面，互联网的快速发展催生了大学在线教育的市场需求和社会认可，为大学在线教育的发展提供了广阔的空间和条件。另一方面，也暴露了大学在线教育的诸多问题和困难，如教学内容和方法的不适应，教学质量和效果的不保障，教学管理和监督的不规范等，这些问题急需进行深入研究和解决。根据本研究的主题，具体研究内容如下：

第一部分是引言，介绍本书的研究背景、意义及研究目标、方法等。

第二部分，在大学在线教育教学研究领域，已有的研究涉及学生在线学习、学习意愿、学习效果以及教师在线教学、教学意愿、教学供给等多个方面，进行了有益的探索，但也存在一些不足之处。本节回顾了已有的研究成果，并提出其局限性和未来发展的趋势。

第三部分，实证分析大学生在线学习意愿。基于大学生线上教育效果的调查研究数据，使用 Probit 和 Oprobit 回归模型，实证分析个人特征、学校特征，以及在线学习特征等因素对大学生在线学习意愿的影响。发现学习频率、课堂互动、学习效率以及学习状态对大学生在线学习意愿具有明显的促进作用；学习平台的建设对学生是否选择线上学习有重要影响；不同区域学生在线学习的意愿存在差异。

第四部分，研究学生在线学习效果。使用 Probit 和 Oprobit 回归模型，实证分析了各种因素对大学生在线学习效果的影响。学习频率、课堂互动、学习效率对大学生在线学习效果具有明显的促进作用；学习意愿的提高是学生在线学习效果的重要因素；学习习惯的养成对学生线上学习效果有重要影响。

第五部分，检验教师在线教育供给意愿。基于大学教师线上教育效果的调查研究数据，考察了大学教师线上教学意愿的影响因素。研究发现，课堂互动频率和满意度对教学意愿作用显著，本书进一步讨论了教授不同科目的教师、不同年龄段的教师以及不同身体健康状况的教师线上教学意愿的差异，通过异质性分析，来更好地了解教师的线上教学意愿。

第六部分，提升大学生在线教育的政策建议。从线上学习和教学两个角度，分析影响在线教育发展的因素，提出提升在线学习参与度、提升在线学习技能、提高学习获得感、制定明确的学习计划、合理利用线上学习工具、建立在线教学能力评价和激励机制、丰富在线教育的内容和形式、整合在线教育教学资源、完善线上教育教学监管制度、加强在线教学培训和指导等政策建议。

本书具体研究线路如图 1-1 所示。

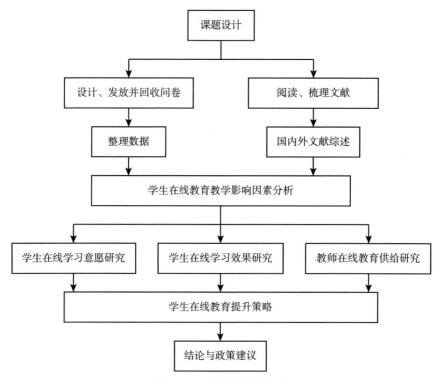

图1-1 本书的技术路线

第 二 章

大学在线教育教学研究文献综述

第一节　对学生在线学习的研究

一、学生在线学习的研究

在线学习是一个宽泛的概念，学者们通常根据计算机技术等与在线学习相关的在线媒介的特点来定义在线学习。关于在线学习，有很多专业术语，包括网上教学、远程教学、电脑辅助教学，以及电子教学。国内有学者认为在线学习是学生在信息技术发展所带来的数字化学习环境中学习，重塑教学结构，是一种全新的在线教育方式（何克抗，2002）。在线学习的兴起带来了教师与学生行为之间的分离，这一趋势使得教学与学习活动在时空上产生了显著的差异（陈丽，2004）。在线学习具有两种不同的形态，包括正式学习中的在线学习和非正式学习中的在线学习（刘朋，2013）。正式学习指的是以正式课程为基础，经过系统设计和组织的在线学习活动，而非正式学习则更加弹性，更多地依赖于学习者自主选择和管理学习资源。吴静涛（2020）认为线上学习是指学习者通过网上平台或者网上学习系统所发生的一系列的学习行为、学习内容，以及学习过程。随着在线学习的不断发展和普及，教师与学生之间的互动关系正在发生着重大的变化。在线学习不仅仅代表了学习方式的改变，更意味着教育理念和教学模式的全面革新，为教育的未来发展提供了崭新的可能性。

对于在线学习主体的研究，目前主要针对中小学生、高职学生、大学生以及不同国别和专业领域的学生进行差异化分析讨论。近年来，学者们对于大学生的在线学习研究逐年上涨。随着科学技术的发展，构建大学生在线学习系统是必要的（皮国强、马诗贵，2011）。在网络模式下，通过对学习主体、学习客体、学习时空、学习风格等影响大学生英语在线学习效果的因素进行分类评价，将各因素分为主体特征、客体特征以及风格特征，发现主体特征对大学生在线学习的影响最大（胡妮，2016）。研究人员通过使用问卷调查法，采访了华南理工大学广州学院的学生，从学习方式的选择、学习原因、在线学习行为和在线学习的喜好度等角度对该校大学生的在线学习行为进行分析，研究发现大学生在线学习更偏向于丰富的学习资源和完善的课程设计，根据研究结果给出了学生、教师和在线学习平台三个参与主体有关提高大学生在线学习效果的有效建议（汤斯敏，2020）。大学生在线学习行为和在线学习投入要素之间存在一定的关系，通过构建相应的大学生在线学习投入要素测评模型以及建立相应的指标体系来评价他们的在线学习行为。这一研究旨在深入分析大学生在线学习的特点和影响因素，为提升在线学习效果提供理论支持和实践指导（康晓凤等，2023）。

检索近几年有关在线学习的文献发现，现阶段学者对于学生在线学习意愿、投入和效果的关注较多。学者对于在线学习意愿的研究，主要侧重于在线学习意愿的影响因素分析。通过构建 SmartPLS 预测模型及相应的研究假设，对不同维度的变量进行降维分析，发现学生持续线上学习意愿受学生学习态度的直接影响和学生线上互动因素的间接影响（朱悦等，2020）。有学者从误差修正模型（Error Correction Model，ECM）视角研究学生在线学习意愿，从好奇心、态度、学习满意度、期望确认和感知有用性的角度构建研究模型，使得研究模型更好地适应在线网络学习环境，研究发现态度对学生在线持续学习的显著性影响最大（任岩，2021）。有学者对大学生网上参与情况进行了随机抽样调查，抽取某大学 6905 名大学生进行问卷调查，利用运算软件进行数据处理分析得出不同变量的在线学习投入的差异性，研究发现大学生对于线上教学的满意度较高，其中在线教学服务质量对其影响最为显著（陈田子、周喜华，2023）。在线学习的投入与效果之间存在很强的相关性，学习投入对学习效果具有积极的正向影响，学习情绪和师生互动存在中介效应（吕镇洋，2023）。从学生视角看在线学习效果的影响因素，课前阶段预习任务会激发学生在线学习的自主学习能力，教师在课堂中的设计对学生参加线上学习有很大的影响，课后阶段成绩测评包括在线成绩和卷面成绩对学生在线学习效果有影响（杨继波、孙炜钰，2022）。

二、对学生在线学习意愿的研究

在教育领域持续学习意愿没有形成固定的概念，学者在研究持续学习意愿时通常会借用其在信息系统中的概念。国外学者对持续使用意愿概念进行了研究，有学者通过构建期望确认模型，将持续使用意愿定义为使用者初次使用某个系统后产生的长期使用意愿。在教育领域，教育教学工具被看作某种信息系统，因此，学习者的在线学习意愿就被认为是学习者对教育教学工具继续使用的主观意向（Bhattacherjee，2001）。国内也有学者进行了一些探讨。有些学者对大规模线上课程（MOOC）运行的模式进行了分析，认为有持续学习意愿的学者必须包含一定条件，一是要有过

MOOC 学习经历，二是未来愿意持续学习 MOOC，三是有推荐他人学习 MOOC 的意愿（崔春阳，2017）。学习者对于 MOOC 学习的持续参与和推荐他人学习的愿望可以被视为持续学习意愿的表现。有学者在探究大学生在线持续学习意愿的影响因素时，认为关键因素是学生在体验过在线学习后会产生再次参与在线学习的意愿（王月彤，2019）。

国内外学者在研究在线学习意愿时，使用了各种理论。有学者根据计划行为理论，以满意度变量为基础建立模型研究用户的持续学习意愿，研究发现主观规范、态度和感知行为控制等因素与其有关。在电子服务方面，上述因素对使用者的长期使用意愿产生间接影响（Hsu & Chiu，2004）。一些学者研究了网络平台的使用和学生的预期之间的关系，发现学生对网络学习的期望水平可以反映出学生的学习意愿，这一步骤基于期望确认理论，通过上述研究建立了持续使用模型（Roca et al.，2006）。根据期望确认理论和信息系统成功模型，有学者发现期望确认与使用者的感知有用性和满意度之间存在联系。研究者还发现期望确认与使用电子资源的意愿相关（严安、严亚兰，2013）。基于创新扩散理论和技术接受模型，有学者结合相对优势理论研究了相对优势对电子资源使用意向的影响，分析了相对优势、兼容性、软件系统质量、软件可用性和学习平台有用性这些因素，研究发现上述因素与用户的使用意向之间存在一定联系（胡勇，2014）。

在研究学生在线学习意愿的影响因素方面，学者们进行了多方面的探索。基于 UTAUT 模型的研究表明，除了该模型的核心变量外，感知趣味性对学生使用 MOOC 的意愿也产生了显著影响（赵官虎等，2015）。这表明了学生对学习过程的主观体验在决定其是否持续参与在线学习方面的重要性。此外，有学者研究发现，多个因素如促进因素、使用意愿、结果预期等，与学生在线行为呈正相关性。这些因素的积极作用有助于激发学生持续使用 MOOC 的愿望（赵英等，2015）。这也进一步说明，在网上学习的意向中，学生的动力与个人经历是有关系的。在另一项研究中，学者们发现一系列因素对学生的学习意愿产生了显著的影响，包括学生的成绩期望、努力期望和社会影响等，学生的学习行为与学习意愿息息相关（王胤丰、闫强，2016）。这些研究结果揭示了学生学习意愿的复杂性和受多种因素影响的特点。结构方程分析法常用于研究学生在线学习意愿。白永国和白雪（2019）的研究通过构建理论模型发现，学习行为参与度、认知参与度和情感参与度都对学生的在线学习意愿产生影响。这一发现进一步强调了学生参与度对持续学习意愿的重要性。该研究有助于我们更好地了解线上学习意向的影响因素。另外，有学者基于 SOR 理论、MOA 理论等理论的研究框架，研究学生在线学习行为意愿。王泽蘅的研究发现，学生的兴趣动机、学习风格以及感知有用性和易用性等因素与在线学习行为意愿相关（王泽蘅，2023）。这些发现进一步丰富了我们对学生在线学习意愿影响因素的认识，并为未来的研究提供了新的研究视角和方向。

三、对学生在线学习效果的研究

目前，对于线上学习成效的研究，还没有形成一个一致的概念。艾斯纳（Eisner，1979）最早提出关于学习效果的概念，他在研究中表明学习效果是由学生在参与课堂学习过程中有意识或无意识产生的。在20世纪90年代之后，美国出现了大批学者和组织研究学习效果。美国教育评价标准联合会（ACSE）将学习效果与期望相挂钩，认为他人对学习的期望是影响学习效果的本质因素，学生的学习成果实质上是他人对其学习成就的期望，这涉及学生在具体学习和技能发展等方面取得的一系列成果。美国大学协会指出，学习成果是学生在学习后理论知识水平提高的表现，在实践中实际表现为能力的提高，即在个人能力上责任感的体现和全方位的综合表现的上升。美国学习成效评估委员会认为学习效果是学习活动的外部表现，将学习效果定义为学生为满足他人的期待而做出的学习活动，学生在此过程中展现的意识中包括批判性思维、公民意识、自我意识等。黄海涛（2010）将学习效果定义为学生在知识、情感和技能等方面经过学习后获得的可测量的学习收获，学习效果是学生的个人成长体现，主要涉及理论、实践和情感方面的相关个人成长。

相较于传统课堂教学方式，评价学生在线教育学习效果的指标体系具有多样化的特点，如何评价在线学习效果，国内外学者给出了不同的指标体系。童莉莉和王艺婷（2017）以学生内在驱动力为导向研究在线课程的信息传播，舍弃了传统的附属内驱力，设计了以"认知—思维—分享"为核心的学生在线课程信息传播效果的评估指标体系。构建了一级指标有认知内驱力、思维内驱力、分享内驱力，二级指标有学习过程主动性、互动及目标导向度等八个内容，采用经验加权法和百分数计算法对上述指标进行加权计算得出各指标的权重值，最后根据学生对每门课的评价分值得出可实际应用的进阶式在线课程传播指标体系，对完善现阶段学生在线教育效果评价体系做出重要贡献。郑传德（2021）将平时成绩、作业成绩和课程考试纳入在线学习效果的评价指标体系中，主要有两种评价方式，即形成型评价和终结型评价，并按照教学内容来设定对应的指标权重，然后进行标准化处理，最后得出学生在线学习效果的综合评价结果。姜姗和曹莉（2021）在探究在线学习效果时，引入了学习分析技术，从软件设计和硬件设计两个方面改善了在线学习评价系统。在软件设计方面，通过对学生学习行为的抓取，自动检索学生对学习软件的全自动检索，得到学生的学习行为并对其进行评价。同时采用大数据技术，对在线学习的效果进行预测分析，统计学生在线学习过程中的学习习惯和学习表现，利用大型结果预测矩阵对学习效果进行模糊的预测和反复计算，最后将预测结果进行加权处理，以此获得学生在线学习教育效果评价结果。缪玲等（2023）在建立学生在线学习评价指标体系时，利用了学生在线学习空间数据建立该指标体系。该体系用五个指标因子进行权重构建，从大到小分别是交互度、投入度、完成度、有效度与增值度，包括 20 项数据指标，相较于其他指标体系，该评价指标充分体现了价值性和科学性，较为真实地展现出学生的学习问题和困难，因此能够更好地改进教育教学质量。

在研究医学课程在线学习效果的过程中，相较于在线学习所设立的课程目标，研究结果表明，网络课程在很大程度上增强了学生的自主学习能力，学生在线学习产生的获得感，学生与教师的评价结果无统计学上的差异性，但是在教师期望学生在校教育所得方面与学生实际教学所获方面，仍具有较大的差距（樊瑛等，2024）。冯素珍和孙莹（2023）从学生自我评价的角度研究本科高校学生在线学习的状态，采用学生调查的方式来验证学习成果，发现学习前制定目标、课后主动提问、保持持续的专注等程度越高，学生在线学习效果越好；反之，不及时提交课堂作业、上课违反纪律等会对学生在线学习效果产生显著的负向影响；而性别要素对在线学习效果和传统学习效果的影响均不大。肖娥芳（2023）的研究发现，教师的在线教育技术水平、学生自身学习状况、在线教育的学习环境、学生自身在线学习意愿等都是影响学生在线学习效果的重要因素，其中教师在线教育技术水平的影响效果最大。赵花丽（2020）以问卷为基础，进行了统计与分析，采用灰色关联度分析法来研究学生在线学习效果满意度的优势因素，以学生在线学习的自我总评价为母因素，以学生课前预习、上课专注、资料齐全、接受能力、教师备课、教师是否提前告知学生教学安排、答疑和辅导、教师与学生课堂互动等十七个指标为子因素，分析母因素与子因素的关联度，发现学生资料齐全、教师提前告知学生教学安排、教师与学生课堂互动、学生经常参加在线学习、学生上课主动回答老师的问题、能跟上上课节奏这六个因素对学生在线教育学习效果有显著的影响。

当前，国内外对线上学习成效的相关研究多是围绕学生网络学习行为展开的。生俊青（2021）在其研究中，利用SPSS软件对超星学习通平台的数据进行分析处理，主要将学生的在线学习行为划分为态度行为、投入行为和交互行为三个维度，发现这些行为与学习效果之间存在显著的相关性。此外，生俊青还从课程建设、学习过程和学习效果三个方面提出了有效提升在线学习效果的对策。另外，陆丽芳和郑蓉（2023）则在线上线下混合式教学背景下探究了学习行为与学习效果之间的关系。他们把网络学习行为划分为三种类型：资源学习、互动学习，以及测试作业。其中，在线学习行为的九个指标与学习效果之间存在正相关性，作业测验行为呈现显著的相关性，交互学习行为呈现弱相关性，资源学习行为也呈现弱相关性。通过对这些行为与学习效果的关联性进行分析，学者旨在为混合式教学背景下的学习者提供更加有效的学习指导和支持。徐世东和魏鲁红（2023）基于教学交互理论分析大学生的在线学习行为与效果之间的关系，研究发现学生的在线学习效果与除抢答参与数之外的九个指标都具有显著的正向关系，并就如何加强网络教学的有效性，从教师、学生和技术三个角度进行了探讨。菲利斯（Phyllis，2014）的研究重点在于信息技术给外语教学带来的改变，强调要抓住网络信息技术这一新的发展热点，促进网络与外语教学的新一代结合。在汉语教学领域，混合教育将会成为新一代的教学模式，外语教学应不断自我更新发展。研究者不但强调要在思想上注重教学方式的改变，还提出了要加强对新的教学工具的投入与建设，以提升在线学习者的学习体验。

第二节　对教师在线教学的研究

一、教师在线教学的研究

在线教育与远程教育这两个术语常常会被混淆。有学者将在线教育看作远程教育的产物，将其视为远程教育的一种形式。董延军（2002）将网络教育看作在线学习，学习者和教导者之间通过相应的终端设备在互联网上进行知识交换。他认为远程教育、网校和学习网站都是网上教育的一种学习模式，是一种区别于传统教育方式的改革。吴华和葛晓强（2005）指出 E‒Learning 即电子化学习产生于多媒体技术和网络技术的发展过程中，是人类在多种技术构成的电子化环境下的学习。邢毓偲（2018）认为在线教育、远程教育和在线学习是同一概念，是一种互联网技术和经济发展下的产物，它们打破时间和空间的限制，是教学内容传播的新模式。刘佳新（2019）分析了未央汉语堂外国汉语教学的运作模式，认为公共平台在线教学是线下教学的补充，有助于促进学生学习汉语的积极性和主动性，提高学生的学习能力和跨文化交际能力。

网络技术水平和网络教学平台的建设和发展，对传统教育课堂模式产生了革命性影响，推动了在线教育模式的发展。吴华和葛晓强（2005）在研究 E‒Learning 模式时指出，E‒Learning 模式要求提供配套的网络基础设施建设，以提高教师技能水平，内容包含管理系统和学习内容建设，这两大模块组成了培训教师系统的重要组成部分。微课程模式出现于互联网和新媒体技术的发展背景下，具有微型化的特点，在时间维度上较小但在内容上却十分精炼，以简短而完整的教学视频为载体，是围绕某个知识点或教学内容而设计的一种流媒体形式的交互课堂模式（姜钰，2014；

李尤、孙东瑞，2020）。MOOC 是目前比较先进的在线开发教育的模式。MOOC 模式教学下，学员获得教学资源难度较低，几乎所有人都可以免费获取资源。教学资源内容丰富，该模式最初就具备了无线扩展规模的特征，其不受时空和年龄限制的特点便利了学员参与学习过程，但是，该模式不利于部分实验性专业的学员进行学习和教师授课，这也会在一定程度上造成教育数字鸿沟（范欢欢，2015）。除此之外，还出现了一些新型的在线教育模式，包括白板、PPT、桌面捕捉和教室板块功能的 YY 教育模式，该模式以网络实时通信软件为载体，主要优势是语音交流清晰顺畅和线上交流互动性强（卜彩立、杨帆，2014）。还有 O2O 模式，在教育应用上，该模式强调学生、教师、家长三个主要角色主体参与整个过程，构成了学生参与线上学习过程、家长在线联系教师互动、教师线下答疑强化教学三个主要方面，形成一个完善的学习圈（刘雪伦、李爱民，2017）。

在线教育模式发展后，影响了学员学习方式和传统教育教学模式，教师角色的定位和认同也发生了一定的变化。沈义军等（2014）在研究慕课模式带来的影响时，明确指出高校教师应重新定位教师的角色，转变教育思想观念。传统的教育传承方式将会被慕课等新兴教学模式打破，高校教师的教学方式和工作内容会发生彻底的变化，高校教师要适应新的理论教学研究和实践，从思想和行动上对教师工作进行重新定位和研究。张遐等（2016）的研究发现，研究对象对在线教育中教师角色的认识各不相同，部分研究对象充分认可在线教育教师这一角色，认为其承担了一定的社会责任，另一部分研究对象则认为在线教育教师未来社会认可度不高。汪磊和魏伟（2020）在研究新冠疫情背景下对线上教师教学行为的挑战时指出，教师角色行为在线上教学模式中发生了再定位。线上教育的方式主要是以学生为中心，老师和学生的线上学习、课堂的效果和学生的发展都有很大的关系，老师在传统的课堂模型中的作用已经不那么重要了，更多的是一个指导的角色。公卉（2023）的研究指出在线教育拥有更多的教学资源和研究方法，教师需承担更多角色。教师要充分熟悉不同的教学平台设计，是技术支持的设计者。教师在在线教育中扮演着重要的角色，他们应主动利用丰富的网络资源，充当课程资源的设计者。同时，教师需要重新思考并重新设计线上教学内容和活动，成为教学活动的设计者。

二、对教师在线教学意愿的研究

随着在线教学的日益普及和在线教育平台的不断发展，对在线教学的研究也越来越多，研究范围涉及高等教育、中等教育、初级教育、职业教育等不同学历层次，以及不同地区的城市教师和乡村教师。由于在线教学本身对教师教学水平和意愿具有一定的要求，因此研究教师对在线教育的看法也逐渐成为在线教育研究的重点。特克等（Turkle et al.，2004）在研究计算机对我们的思维方式的影响时发现，在线教学不仅改变了师生之间的教学方式，还改变了影响教学意义的新活动。王文岚和尹弘飚（2007）指出教师在线教育态度包括了教师对教学改革的评价、感受和行为取向，教师对在线教育的态度通过教师对改革后教学的认同感体现出来。艾伊和沃特（Agyei & Voogt，2011）的研究表明教师在线教学的态度与其教学过程中是否使用技术、如何使用技术以及如何规划技术之间存在一定的关系。王晓雨（2017）指出教师的教学态度是影响教学是否有效性的重要因素，积极向上的教学态度不仅会激发学生的学习欲望，也会提高教师对工作的热情。反之，消极的教学态度会导致教师教学能力降低、学生受教育水平低下及课堂学习氛围不足。张浩等（2018）发现超过60%的教师认为应该加强对在线教育的培训。安琪莉（Anchalee，2021）及其团队专注于研究教学平台平移到虚拟网络平台的可能性，研究内容侧重小规模的外语教学案例。研究内容不仅包括目前环境下网络教学的参与主体教师和学生的行为表现，还要求网络教学要密切关注可行性和实用性。

　　国内外学者考察了大学教师对在线教学的态度和接受程度。美国研究者克拉克（Clark，1993）在1991～1992年对300多名有代表性的大学教师进行了调查和访谈，结果发现大多数大学教师并不接受在线教学，只有1/5的教师表示他们愿意主动参与在线教学。有研究表明，大学教师对信息技术及其使用的态度存在着显著差异，只有10％～15％的教师对新科技感到更乐观，会主动去接触它、了解它，35％～40％的教师从未接触过信息技术，但如果有机会他们可以清楚地了解新信息技术能给课堂教学带来的好处，他们会更愿意与同事和同行分享，有40％的教师不反对引进新技术，但在积极使用新技术时，他们有一种犹豫、观望的心态，在没有充分认识到新技术能给课堂带来的影响和潜力之前，他们很可能会看不到技术带来的作用，在研究疫情前后教师的在线教学意愿时发现，超过75％的高校教师愿意使用线上和线下相结合的混合式教学方法，大约50％的教师也愿意继续使用线上教学的模式，不愿意使用线上教学而更加注重传统教学的教师占25％的比例（郑宏，2020）。对比教师和学生的网络教学意愿，发现相对于学生，教师的线上教学意愿较低，而在不同教学年龄级别的教师层面，教龄较高的教师比教龄低的教师更愿意采用线上教学的方式（万春等，2020）。虽然在线教学正日益成为高等教育中一种重要的教学方式，但在实际应用中仍存在许多困难和障碍。国内外研究结果表明，教师是影响在线教学方式有效性的重要因素。

严鑫（2015）通过研究八所中学的三十名体育教师的教学态度发现，教师的工作适应性与教师工作态度之间存在着显著的相关性，同时学校的制度政策、工作氛围等十个要素都与教师的工作态度之间存在相关性。赵卓嘉和应泠琛（2018）在研究感知价值时发现，用户在使用线上教学平台时产生的经济价值、时间价值与其持续使用意愿相关，线上教育丰富了用户的感知价值，而部分负面感知如教学无监管、教学平台自由度较大等会影响用户降低使用教育平台的意愿。徐益龙等（2020）针对职业院校教师进行了在线教学态度的影响因素研究，结果显示教师的个体创新性、教学资源的感知有用性以及教学平台的交互性对教师的教学态度具有显著影响，特别是感知有用性对教师的教学态度以及教师行为意向均产生显著影响。这一研究揭示了在线教学环境下教师态度形成的重要影响因素。而刘伟等（2021）则对师范生的在线教学使用意愿进行了研究。叶金珠和谭勇（2023）基于文化－历史活动理论研究高校教师线上教学态度的形成过程发现，教师的情感语言表达是形成教学态度的主要方面，包括了自我表达和角色扮演两个部分，该因素会影响教师在线教学水平的发挥和线上授课时处理事务的能力。张爱晶等（2023）认为在数字化时代，高校教师对于数字化在线教育的接受程度较高，高校教师的持续在线教学意愿与环境支持、感知有用性和感知易用性等要素相关，教师对于在线教学的态度受在线教育平台和资源设计的极大影响。

国内学者也从多个角度对混合教育进行了研究。张佑春等（2017）对高职院校线上线下混合教学模式的实践改革进行了探究，他们明确了混合式教学模式的可行性，并对改革的目标、内涵以及主要特色进行了完善和界定。在此基础上提出了一种新型的混合式教学模式，它将极大地提高学生的学习效率，提高老师的授课能力。徐龙志和钱华生（2017）分析了 MOOC 与 SPOC 两种不同的学习模式的设计和具体实施方案，发现对于国际贸易实务课程的学习，MOOC 模式更有利于维护教育公平，而 MOOC 模式与 SPOC 模式混合教学实现了两者的长处相结合，使得学生在兼顾公平的同时也可以追求效率。韩汶轩（2018）研究高校思想政治教育模式时发现，混合教学模式下的学生的主体地位得到了提升，学生从传统的被动接受课堂知识转变为主动接受课堂知识。教师为适应新的授课方式，除了传统的理论授课方式，开展了线上线下相结合的全新教学模式。在混合教学模式下的思想政治教育传播过程中，校园的人文关怀逐步展现，家庭教育中的情感教育支撑也得到了充分发挥。朱永军（2021）从线上线下混合教育不完善的现状为切入点，研究了线上线下双向教学综合评价体系。线上线下双向教学评价体系考核需建立明确的考核目标，过程考核评价体系需纳入多种客观因素并赋值，学生自主学习评价指标要求占比为 10% ~ 15%，教师教学效果评价应结合多元化的评价方式。李绿山等（2023）基于 ISCT 理论和自我决定理论分析了教师使用混合教育教学的原因，研究表明感知有用性、满意度和内在动机与教师持续使用混合教育模式有显著的相关性，其中满意度的影响最大。在自我决定理论的因素中，除了感知关系对感知有用和内在动机没有显著相关性之外，感知自主、感知能力和内在动机都对其产生影响。黄竹胜等（2024）在研究纳米科学与技术线上线下混合教学模式时指出，在线教育将开启一个全新的"教育"时代，通过分析纳米科学与技术课程，建立了线上线下混合式教学的实施范围与流程，旨在建立一套更加高效的学生学习体系。

三、对教师在线教学供给的研究

在线教学不断发展的背景下，教师缺乏科学理论指导和方法，很容易依靠传统教学模式复制教学，提升教师在线教学能力和创新教师教学方法是当前提高在线教育教学质量的重要研究内容。提升教师在线教学水平的方式主要有两种，一是通过开展讲解授课为主的传统培训模式，通过向教师开展学术讲座或是课程的方式，传输优秀教学技术应用案例。该模式实现方式简单、参与培训人数较多，但是该教学模式与真实授课行为缺乏衔接，授课知识无法应用至真实教学场景中（徐鹏等，2015）。二是以教师共同探讨的方式进行教学。以专家引领、学校和教研组和年级组共同研究的方式适应网络教研的新模式，这种模式充分利用了教师在网络上的能动性和互动性，促进了各地区教师力量的统一，使得教学教育资源共享（肖正德，2007）。为了更好地优化教学干预方式，教师与科学研究者协调设计模式也常被用来提升教师在线教学水平。蔡慧英等（2021）研究"教师－研究者"协同设计模式时以 WISE 平台为载体，研究发现促进教师在线教学能力，不仅需要传授教师传统的科学理论知识，而且要创新知识供给，授课教师要重点学习转化实践性知识的方法，开展全新的教学互动模式，加强教师实践教学的行为，大力支持技术创新环境的形成。王友环（2023）指出教师在线教学能力是在线课堂质量提升的关键环节，通过参考 QM 课程认证标准，指出教师在线教学能力的核心内容包括引导能力、课程设计能力、学习评价能力、学习资源供给能力、学习活动组织能力等，为了增加优质的教师资源供给，要持续关注教师、线上教学平台和课堂模式建设。

在研究"互联网＋优质教育资源"的背景下，杨国震（2016）在跨区域优质教育资源供给视角下，描述了从网络环境、服务平台、优质资源、学习模式和跨区域资源服务等角度如何实现优质教育资源供给的传输。柯清超等（2018）则聚焦于研究数字化教育资源供给模式，并对数字教育资源的供给进行了分类。以供给端为切入点探究了四种资源带来的不同结果，研究团队也发现了教育资源供给存在的问题，并提出了解决当前数字教育资源供给矛盾的政策建议。高铁刚等（2019）依托于 1996～2018 年的政策文本信息，分析了数字教育资源供给公共服务的四个演变过程，研究表明 1996～2000 年，数字教育资源公共服务要素处于萌芽期，资源建设相关要素如教育软件、多媒体课件等进入政府关注的视角，2000～2009 年的数字教育资源供给处于起步期，政策高度重视资源建设，财政大力支持数字教育资源的公共建设；2010～2013 年数字教育资源供给进入调整期，数字教育资源的公共属性和服务水平出现了相当大的转变和提高，但是数字教育资源的建设质量仍未成为政策关注的重点。2014 年之后数字教育资源供给来到了发展阶段，信息化社会的发展要求与之配套的教育服务设施和教育资源达到了一个新的水平，各地区相互之间的数字教育资源服务平台开始衔接，数字教育资源的质量评估体系开始形成。吴娇等（2023）指出数字教育资源赋能后，具体应用场景需要信息化的教学支持、个性化的学习服务、可视化的教育管理和智能化的教育评价，未来供给走向将实现质量提升、精准供给、数字素养和数智赋能。

在线教育供给的进程中存在着许多问题，要达到在线教育的目的与基本目标的统一，就必须对在线教育资源进行优化配置，并深化在线教育供给侧的改革。曾旗和乔小亲（2016）在研究在线教育企业改革时发现，顺应时代发展推进供给侧改革是实现在线教育企业发展的主要举措。在线教育企业存在教学内容不完善、教学过程互动性弱、学院自我学习能力低下和用户持续使用率低等问题，围绕在线教育企业供给侧出现的问题，在线教育企业改革需朝着个性化和差异化教育、引进 VR 教学、提升教学能力和加强教师队伍建设的方向发展。邢毓偲（2018）认为教学功能单一、教学缺乏互动、教学内容混杂、教师质量较低和教育市场缺乏监管是目前在线教育市场发展过程中出现的主要问题，为了促进在线教育市场和在线教育企业不断发展，在供给侧结构性改革背景下，在线教育企业可以从全面移动化、游戏化学习、个性化发展、内容体系化和教师专业化五个路径不断探索。李倩舒（2019）认为，在线教育目标出现偏差，是在线教育发展供给侧变革的关键问题。要求政府在线教育供给资源各要素充分整合，实现资源最大化，抓住互联网流量红利促进三、四线城市打造在线教育品牌优势，始终坚持为学员个性化差异服务，完善教育资源质量保障体系。唐柱斌（2021）认为教育需要与经济协同发展，高校在线教育存在教育资源不足、教师水平不高和教材设施落后等问题，影响了高校在线教育整体质量的发展。高校改革应顺应供给侧改革大环境，通过完善专业结构设置、建设丰富的教育设施、实现在线教育创新等优化在线教育资源配置，全面提升高校的在线教育质量。

蒋志辉等（2018）在对学习者满意度的研究中发现，教师的支持服务是建立在学习者的感知之上的，而教师的支持服务又是影响学生学习满意度的重要因素，而学习满意度则是网络教学的终极目标。黄章匾（2020）基于教师和学生的不同视角研究了在校教学质量，研究发现师生对在线教学平台选择的出发点会影响学生的学习效率，学生更倾向于录播和直播相结合的混合教学方式。在线教育模式上，师生互动行为难度较大，影响了学生的学习成效。刘建银等（2021）研究了高校教师在线教学行为与学生在线学习满意度之间的关系，发现学生对于操作类或是实验类教学、在线教学网络速度以及客观教学条件等体验感较差。教师对于线上教学指导行为受限的满意度较低。总体上学生对于教师在线教学行为的体验感评价较好。陈丽竹（2023）基于结构方程模型，研究了在线教育环境中高校教师教学行为与学生在线学习成效之间的关系，研究发现学生学习兴趣、在线教学平台功能、教师对在线教学平台的熟悉程度、教师教学能力、课堂互动以及学生学习反馈是影响高校教师在线教学行为的重要因素，教师的教学行为是影响学生学习成效的关键因素。

第三节　对传统教育方式的研究

国外研究中最早提出与传统教学模式相关的理论是赫尔巴特的教师中心说，其主张教育应该以教师为中心，强调系统知识的学习和学科教育。他认为教育者的自身素质是放在首位的，教育者的自身素养对整个教育过程发挥着关键作用（周采，2006）。传统教学模式以奥苏贝尔的有意义言语学习理论为基础，是一种运用讲授式教学向学生灌输知识的教学活动（张志松，2011）。传统的教学方法一般是指教师和学习者在校园教室里进行的教学活动，同在一个空间里，学习者必须遵循一定的行为规则。传统的教学模式以教师为主体，教师掌握课堂的主动权，并凭借以往的经验以讲述的形式将课本内容讲给学生听。学生认真听讲和练习，表面上接受了理论知识，但实际上抑制了其创造性和自主性（雷延霞，2016；樊勇，2018）。

近几年来，学者们大量研究了这两种教育模式。籍建东（2011）从概论、学习能力和学习效果等角度出发，对传统型教学模式与研究型教学模式进行了对比分析。与室内课堂教学不同，体育教学更注重教学时数、教学效果、学生学习兴趣以及学生能力培养等因素，他着重比较了这些因素的差异，深入探讨了传统型教学模式和研究型教学模式之间的差异。拜争刚等（2016）的研究发现传统教学模式在提高学生考试成绩和学生临床案例分析能力中的作用弱于CBL教学模式，CBL模式强调理论联系实际，传统教学模式在改变理论知识和实践技能相互独立的局面中优势较小。李俊峰（2022）研究了高等职业教育中会计课程传统教育方式存在的利弊，会计信息系统应用课程具有内容综合性强、课程理实一体及教学内容更新速度快等特征，在传统教学下出现了课程目标定位不合理、教学方式单一、教学环境不充足、考核方式不合理及教师专业度不够等弊端，然而，随着现代社会对会计信息化人才需求的不断提升，传统的教学方式已显得不够灵活和多样性。对于这一情况，郑足红等（2023）指出了传统教学模式在现代教育发展中面临着越来越大的挑战和困境。在教学内容上，采用相对固定的教学模式和教学内容的传统教学方式无法适应时代发展和知识更新的速度。以大班授课为主的传统教学模式在班级管理和教学上发挥了很大的作用，却忽视了学生个性发展和个性差异。在实践中，传统教学模式不利于学生将理论转化为具体实践，无法促进学生的全面发展。

随着信息技术的飞速发展，高校的教学模式也发生了变化，网络与线下相结合的教学模式应运而生。刘建等（2014）探究了线上线下协同互动教育模式，这种模式将线上网络技术与线下专家系统相结合，不仅提供了传统教育网站所包含的测评、交流、学习等功能，使得学习者不受时间和空间的约束，一种有关生命教育的全方位的高校学生成长教育体系开始建立。刘珲等（2020）提出了构建网上、线下融合的混合教育模式的迫切性。他们指出，高等教育领域中传统的文化类学科教学方式存在着学生学习效率低、课程定位模糊、教学效果不佳等诸多问题。因此，迫切需要构建一个以课前驱动、课上促成和课后评价为教学流程核心的混合教学模式来应对挑战。戴明华等（2021）研究了制造技术实训的线上线下混合式教学，发现传统工程训练中存在教学设备数量不足、教学内容单一、现场教学时间较长等问题。通过建设线上线下混合式实训教学，设计了丰富的实训内容，满足了学生多样化的学习需求，建设了碎片化的线上教学资源，突破了传统实践中实训书和现场设备教学的局限。张月昕和李明（2021）的研究探讨了高校思想政治理论课线上线下混合式改革的实现路径，指出这种改革的路径包括教学内容混合式、教学流程混合式和教学方法深化混合式。在改革的建设过程中，必须始终坚持价值性与知识性、规范性与灵活性、理论性与实践性相统一，改革要发挥教师在混合式教育方式中的关键作用，坚持教师为主导、学生为主体的原则。为了有效实施这一改革，教学载体的建立至关重要，其中大数据应成为核心，互联网则应成为依托。徐晓莹（2023）在研究高校英语线上线下多样化教育模式时提出，该模式的类型包括互补型、翻转型和合作型，为了解决线上线下教学过程中存在的平台建构不完善、教学目标不明确、教学内容不够丰富、课堂设计不足等问题，需要采取完善网络教学平台、加强教学设计、优化教学内容、开展多样化评价等措施。混合教学模式将为高等教育带来全新的教学理念和方法，有望提升教学质量、激发学生学习兴趣，并推动教育教学的创新发展。

随着计算机网络的飞速发展，新的教学模式不断涌现，对传统的教学方法提出新要求。伍智敏和谢立才（2005）针对大学英语教学中传统教学模式存在的原因进行了分析，强调在无法平衡多媒体教学模式和传统教学模式的情况下，支持增加传统教学模式新内涵和新内容。任华亮（2012）认为传统人力资源管理教学模式过于注重知识和理论，忽视了实践和操作技术，改革应朝着多样化、参与体验化等方向发展，摒弃传统单一讲授的教学形式，实现教学形式多样化、考核方式多样化。班蓓（2015）指出传统大学英语教学改革要顺应新媒体时代的特点，改革要转变思想观念和坚持以学生为主体，教学系统由教师、学生、教材、新媒体教学资源四个要素组成，采用视、听、演、说等结合的多维度立体化教学模式。肖炜等（2016）研究了传统中医教学改革的方式，提出要加强学生学习平台建设、改革教学方法、丰富教学形式、加大教学资源建设、创新创业、加强教师队伍培训等改革措施。牛凯等（2018）研究了混合现实技术环境下体育教学的改革，运用了逻辑分析和实地考察等多种方法，认为在高校中开展混合现实技术的研究与应用，对于提高高校体育教学质量有重要意义。为推动传统课堂教学改革，他们建议制作混合现实体育课程、培养专业团队，并建立多渠道混合现实体育教学平台，积极探索可持续发展模式。刘洋（2023）强调，传统课程在艺术专业中存在教学比例不合理的问题，改革应做学同步，不断提升实践能力；应权衡行业目标，设定符合岗位目标的课堂项目；应融合设计趋势，结合传统转化，要求对教学方法和技术不断创新。

第四节　对已有研究的评价

在大学在线教育教学研究领域，已有的研究涉及学生在线学习、学习意愿、学习效果以及教师在线教学、教学意愿、教学供给等多个方面。本书的研究结果能够对认识和促进高校线上学习与教学提供参考。虽然已有的研究在多个方面对学生在线学习和教师在线教学进行了探索，但同时也存在一些不足之处。第一，关于学生在线学习的研究。已有研究探讨了学生在线学习的模式、行为和心理特征，对学生参与在线学习的动机、态度等进行了深入分析，但是对学习意愿和效果的研究很少。第二，关于教师在线教学的研究。已有研究关注教师在线教学的技能、策略以及对在线教学的态度和接受程度等方面，也有研究探讨了教师适应在线教学的情况，但整体而言针对教师在线教学的研究相对较少，特别是在教学供给方面，尚缺乏对于如何提高教师在线教学质量的深入探讨。第三，对比传统教育方式的研究。已有研究对在线教育与传统教育的比较进行了一定程度的探讨，但大多集中在教学效果和学习体验等方面的定性分析，而缺乏更为系统和全面的定量比较研究。针对在线教育与传统教育的比较研究也相对匮乏，需要更多的实证研究来支撑结论。

综上所述，大学在线教育教学是当前研究的热点，但相关研究相对不足。现有研究多注重定性分析，在定量研究和实证分析方面较少，需要更多综合性、深入性的研究来完善现有知识体系。因此，未来的研究应该更加关注大学在线教育教学的高质量发展，探索相应的应对策略，并加强定量分析，以提升研究的可信度和实用性。

第 三 章

学生在线学习意愿研究

第一节　变量选择与描述性统计

一、变量选择

　　本书的被解释变量是学生是否有意愿进行在线学习，根据调查问卷中"您对线上教育学习的意愿如何"进行赋值。首先，将学习意愿作为二值变量，若选择"非常愿意""愿意"视为愿意，赋值为1；选择"一般""不愿意""非常不愿意"视为不愿意，赋值为0。其次，将学习意愿作为连续变量进行分析，"非常不愿意"赋值为1，"不愿意"赋值为2，"一般"赋值为3，"愿意"赋值为4，"非常愿意"赋值为5。通过将学生在线学习意愿作为连续变量进行分析，最大程度揭示将其作为二元变量时所掩盖的结果。由表 3 – 1 可知，选择愿意进行线上学习的学生占 51%，可以看出随着互联网和信息技术的逐渐普及，同时因疫情防控期间进行线上学习的体验，有意愿进行在线学习的人数在逐渐增加。

在解释变量的选取上，本书考察了个人、学校以及学习特征对学生在线学习意愿的影响。个人特征包括性别、年龄、专业等。学习特征包括学习频率、学习内容的侧重方面、积极性、课堂互动、效率、效果、时间以及状态。学习频率是指学习者在某一特定时期进行在线学习的次数，它体现了学习者的学习习惯与持续性。学习内容的侧重层面，是指学习者对不同种类、领域、层次的知识与技能的偏爱与选择。学习积极性是指学生的主动性和毅力，体现出学习者的学习动力与态度。课堂互动是学生通过与老师、同学、教学媒介等之间的信息交换与反馈，体现了学生的学习参与以及交流能力。学习效率是指学习过程中学生在单位时间内能够获得的知识。学习效果是学生在学习结束后，所学到的知识与技巧的掌握与使用情况。学习时长是学习者在线学习的时长，是学习者对网络学习进行计划与管理的一种方式。具体定义与描述如表 3 – 1 所示。

表 3 - 1   描述性统计

变量名称		定义	平均值	标准差	最小值	最大值
被解释变量						
线上学习意愿		"非常不愿意"为1,"不愿意"为2,"一般"为3,"愿意"为4,"非常愿意"为5	2.4204	0.9377	1	5
解释变量						
个人特征	性别	男性为1,女性为0	0.3973	0.4896	0	1
	年龄	受访者的年龄(岁)	20.5833	2.1058	18	26
	年级	研究生在读为1,本科在读为0	0.1105	0.3136	0	1
	专业类别 — 自然科学	专业类别为自然科学为1,否为0	0.1358	0.3427	0	1
	专业类别 — 人文科学	专业类别为人文科学为1,否为0	0.4429	0.4970	0	1
	专业类别 — 其他科目	专业类别为其他科目为1,否为0	0.4213	0.4904	0	1
	生活费 — 1000元及以下	生活费在1000元及以下为1,否为0	0.1564	0.3633	0	1
	生活费 — 1001~2000元	生活费在1001~2000元为1,否为0	0.7284	0.4450	0	1
	生活费 — 2001~3000元	生活费在2001~3000元为1,否为0	0.0796	0.2708	0	1
	生活费 — 3000元以上	生活费在3000元以上为1,否为0	0.0356	0.1853	0	1
	所在地区 — 西部	所在地区是西部为1,否为0	0.0534	0.2249	0	1
	所在地区 — 中部	所在地区是中部为1,否为0	0.6264	0.4840	0	1
	所在地区 — 东部	所在地区是东部为1,否为0	0.3202	0.4668	0	1

续表

变量名称			定义	平均值	标准差	最小值	最大值
解释变量							
学校特征	学校水平	985/211	所在学校是 985 或 211 为 1，否为 0	0.0206	0.1421	0	1
		一般本科院校	所在学校是一般本科院校为 1，否为 0	0.8942	0.3077	0	1
		专科院校	所在学校是专科院校为 1，否为 0	0.0852	0.2793	0	1
	学校性质		公办高校为 1，否为 0	0.8539	0.3534	0	1
	学校类型		综合性大学为 1，否为 0	0.5110	0.5001	0	1
	所在城市		大学所在地是省会城市为 1，否为 0	0.2388	0.4265	0	1
	硕、博点		学校有博士点为 1，否为 0	0.2292	0.4205	0	1
学习特征	学习频率		频繁为 1，否为 0	0.2837	0.4510	0	1
	关注点	授课内容	进行线上学习时，更注重授课内容为 1，否为 0	0.5936	0.4913	0	1
		学习体验	进行线上学习时，更注重学习体验为 1，否为 0	0.3670	0.4822	0	1
		证书认证	进行线上学习时，更注重证书认证为 1，否为 0	0.0393	0.1945	0	1
		积极性	认为对促进积极性有积极影响为 1，否为 0	0.4193	0.4937	0	1
		课堂互动	参与课堂互动为 1，否为 0	0.5138	0.5000	0	1
		学习效率	学习效率提升为 1，否为 0	0.4059	0.4913	0	1
		学习效果	认为线上学习效果更好为 1，差不多为 2，认为线下学习效果更好为 3	0.1566	0.3636	1	3

续表

变量名称			定义	平均值	标准差	最小值	最大值
解释变量							
学校特征	有效学习时间	15 分钟以下	有效学习时间在 15 分钟以下为 1，否为 0	0.1161	0.3205	0	1
		15 ~ 30 分钟	有效学习时间在 15 ~ 30 分钟为 1，否为 0	0.6180	0.4861	0	1
		30 分钟以上	有效学习时间在 30 分钟以上为 1，否为 0	0.2659	0.4420	0	1
	学习状态		线上学习时，投入为 1，否为 0	0.8013	0.3992	0	1
观测值 N = 1068				—	—	—	—

二、描述性统计

在填写问卷的调查对象中，男性占 39.73%，受访者的平均年龄是 20.58 岁。在所读专业方面，13.58% 的学生就读于自然科学专业，44.29% 的学生就读于人文科学专业，42.13% 的学生就读于其他专业。72.84% 的学生生活费在 1001 ~ 2000 元，生活费在 3000 元以上的学生仅占 3.56%。学校特征包括学校水平、学校性质、学校类型、学校所在城市以及学校的硕、博点情况。调查对象中 89.42% 的学生就读于一般本科院校，8.52% 就读于专科院校。就读于综合性大学和其他类型大学的学生分别占 51.10% 和 48.90%；同时，有 23.88% 的学生学校所在地是省会城市。

第二节　理论基础与模型设定

一、理论基础

本研究的理论基础为期望确认理论（expectation confir-mation theory，ECT）。奥立弗（Oliver，1980）首先提出了顾客满意与忠诚的概念，并在此基础上探讨了顾客满意与忠诚的形成机理。这一理论指出，消费者在使用某一商品或一项服务之前，先有一种预期，而后再加以肯定，也就是将预期和现实之间的差别加以比较。当实际情况超出预期时，消费者将得到积极的肯定，相反，它将带来消极的否定。认同度会影响顾客对某一商品或一项服务的满意程度，进而影响顾客是否愿意再次购买该商品或服务。这一理论指出，使用者在使用信息系统之前，先对这一系统有某种预期，之后才会加以证实，也就是比较预期与知觉的有用性与易用性之间的差别。如果感知的有用性和易用性超过期望，用户会产生正向的确认，反之产生负向的否定。信任度将会影响到使用者对信息系统的满意程度，进而影响使用者继续使用系统的意愿。

在线学习的期望是指在进行网络课程的选择与参加前，学习者对于课程内容、形式、质量、效果等的期望，往往会受到个人兴趣、学习目的、学习需要、学习方式，以及外界的推荐等影响。本书通过问卷、访谈，以及观察等方法，对在线学习的期望状况进行了测量与分析。在线学习的绩效是指学生在参加网络课程后，对课程的真实效果进行评估，其主要内容包括可用性、易用性、有效性和趣味性。线上学习的成效主要体现在对学生学习成绩、学习行为、学习体验和学习反馈等多个维度上的综合评价。在线学习的确认是指学生将自己的表现与预期相对照，获得"证实"或者"不证实"的结论，也就是说，该课程满足或超出了学生的预期。在线学习的确认可通过计算学生的表现与期望值之差或比率，或直接提问学生真实度等方式进行，从而反映学生的认知缺口。在线学习的持续学习意愿是指学生能否坚持参加网络教学或其他有关的课程，除了受学生的期望影响外，还会受到学生的表现和肯定等因素的影响。

期望确认理论运用于在线学习，有助于指导教师与课程设计人员准确把握学生的学习需要与学习体验，优化教学内容与方式，提升课程的吸引力与保留率，提升学生的学习成效与满意度，提升学生的学习兴趣与动机，强化学生的学习信心与责任感，养成好习惯，提高学习技能，使在线学习得到可持续发展。同时，这一理论还能用来解释学生对在线学习的持续性学习意愿，也就是，在开始在线学习之前，他们会对自己有一些预期，在在线学习之后，他们就会得到证实，也就是将预期和所感觉到的学习结果和学习经验之间的差别进行比较。当学生所认知的成效与经验超出预期时，学生将获得积极肯定，反之将会产生消极否定。确定度将会影响到网络教学的满意程度，而满足度又会影响到学生的在线学习意愿。

二、模型设定

（一）二值选择模型

本研究中学生是否有在线学习的意愿为二分类的因变量，因此本书为考察各因素对学生在线学习意愿的影响，建立如下二元 Probit 模型：

$$Willingness_i = \alpha_0 + \alpha_1 PC_i + \alpha_2 SC_i + \alpha_3 LC_i + \varepsilon_i \quad （3.1）$$

式（3.1）中，因变量 $Willingness_i$ 是表示学生是否有在线学习意愿的二元变量，i 为样本学生编号，PC_i 表示个人特征变量，包括性别、年龄、专业，以及每月生活费；SC_i 表示学校特征变量，包括学校水平、学校性质、学校类型、学校所在城市以及学校的硕、博点情况；LC_i 表示在线学习特征变量，包括学习频率、学习内容的侧重方面、学习积极性、课堂互动、学习效率、学习效果、学习时间以及学习状态，ε_i 为随机扰动项。

（二）有序 Probit 模型

为了进一步研究各因素对学生在线学习意愿的影响，本书将学生在线学习意愿作为有序多元因变量，采用 Ordered Probit 模型进行参数估计，实证模型设定如下：

$$Willingness_i = \alpha_0 + \alpha_1 PC_i + \alpha_2 SC_i + \alpha_3 LC_i + u_i \quad (3.2)$$

式（3.2）中，因变量 $Willingness_i$ 为学生进行在线学习的愿意程度，i 为样本学生编号，PC_i 表示个人特征变量，SC_i 表示学校特征变量，LC_i 表示在线学习特征变量，u_i 为随机扰动项。

若 $u \sim (0, 1)$ 分布，则 Ordered Probit 模型可以用式（3.3）表示：

$$P(Willingness = 1 \mid x) = P(Willingness^* \leqslant r_0 \mid x)$$
$$= \varphi(r_0 - \alpha_1 PC_i - \alpha_2 SC_i - \alpha_3 LC_i)$$
$$P(Willingness = 2 \mid x) = P(r_0 \leqslant Willingness^* \leqslant r_0 \mid x)$$
$$= \varphi(r_1 - \alpha_1 PC_i - \alpha_2 SC_i - \alpha_3 LC_i)$$
$$- \varphi(r_0 - \alpha_1 PC_i - \alpha_2 SC_i - \alpha_3 LC_i)$$

……

$$P(Willingness = 5 \mid x) = P(r_3 \leqslant Willingness^* \mid x)$$
$$= 1 - \varphi(r_3 - \alpha_1 PC_i - \alpha_2 SC_i - \alpha_3 LC_i)$$

$$(3.3)$$

式（3.3）中，r_0、r_1、r_2、r_3 表示回归参数，$Willingness_i$ 以 $1 \sim 5$ 赋值，表示"非常不愿意""不愿意""一般"

"愿意""非常愿意"。

第三节　实证结果与分析

一、基准模型回归结果

在影响学生在线学习意愿的诸多因素中，本书选取了个人特征、学校特征以及学生的学习特征，逐步加入控制变量以检验其对学生在线学习意愿的影响，通过 Probit 模型进行回归，得到回归结果（见表 3-2）。模型（1）报告的结果显示，在加入个人特征（包括性别、年龄、专业）变量和学校特征（包括学校水平、性质、类型、所在城市以及是否有硕士、博士点）变量后，发现只有学校类型这一学校特征对学生在线学习意愿影响较为显著，估计系数为0.1711，在10%的统计水平上显著，学校类型对在线学习意愿的影响为正向影响，也就是说，相比于综合性大学学生，其他类型学校的学生更加有意愿进行在线学习。而在加入学生在线学习特征（包括学习频率、学习内容、学习积极性、课堂互动、学习效率、学习效果、学习时间、学习状态）变量后，发现学习特征对于学生在线学习意愿的影响非常显著。

表 3 - 2　　　学生在线学习意愿影响因素的 Probit 回归结果

变量名称			模型（1）		模型（2）	
			回归系数	标准差	回归系数	标准差
个人特征	性别		- 0. 0696	0. 0810	- 0. 1353	0. 0909
	年龄		0. 0227	0. 0269	- 0. 0164	0. 0299
	年级		0. 1728	0. 1643	0. 1919	0. 1806
	专业类别（对照组：自然科学）	人文科学	0. 0710	0. 1250	0. 1421	0. 1390
		其他科目	- 0. 1120	0. 1357	- 0. 0494	0. 1506
	生活费（对照组：1000 元及以下）	1001 ~ 2000 元	- 0. 1108	0. 1112	- 0. 0505	0. 1232
		2001 ~ 3000 元	0. 0716	0. 1703	0. 2081	0. 1896
		3000 元以上	0. 1472	0. 2396	0. 1158	0. 2760
	所在地区（对照组：西部）	中部	0. 0182	0. 1930	0. 1980	0. 2244
		东部	0. 1906	0. 1990	0. 2987	0. 2306
学校特征	学校水平（对照组：985/211 高校）	一般本科院校	- 0. 4059	0. 3184	- 0. 3336	0. 3638
		专科院校	- 0. 1826	0. 3441	- 0. 0577	0. 3921
	学校性质		0. 1459	0. 1307	- 0. 0260	0. 1421
	学校类型		0. 1711 *	0. 0906	0. 0761	0. 0996
	所在城市		0. 0251	0. 1104	0. 0637	0. 1201
	硕、博点		0. 1567	0. 1035	0. 1392	0. 1131
学习特征	学习频率				0. 6307 ***	0. 0999
	关注点（对照组：授课内容）	学习体验			0. 0299	0. 0660
		证书认证			0. 6600 ***	0. 2346
	积极性				0. 3235 ***	0. 1010
	课堂互动				0. 2884 ***	0. 0884
	学习效率				0. 4754 ***	0. 1038
	学习效果				0. 2223 ***	0. 0681

续表

变量名称		模型（1）		模型（2）	
		回归系数	标准差	回归系数	标准差
学习特征	有效学习时间（对照组：15分钟以下）　15～30分钟			0.4389 ***	0.1500
	30分钟以上			0.4359 ***	0.1643
	学习状态			0.4936 ***	0.1276
	常数项	−0.2771	0.6798	−0.5783	0.8033

注：＊、＊＊、＊＊＊分别表示在10％、5％和1％的统计水平上显著。

模型（2）的报告结果显示学习频率的估计系数为0.6307，系数值为正，且在1％的统计水平上显著，说明学习频率对于学生在线学习意愿具有促进作用，学习频率越高，学生的在线学习意愿越强烈。学生的关注点方面，相比于学习内容和学习体验，证书认证的估计系数为0.6600，且在1％的统计水平上显著，说明关注点在证书认证的学生对在线学习的意愿越强。学习积极性的估计系数为0.3235，系数值为正，且在1％的统计水平上显著，说明学习积极性对于学生在线学习意愿具有促进作用，通过在线学习提高学习积极性的学生对在线学习的意愿越强。课堂互动的估计系数是0.2884，系数值为正，且在1％的统计水平上显著，说明线上学习中参与课堂互动能够促进学生在线学习的意愿，学生在线上学习过程中参与课堂互动的频率越高，对线上学习的意愿越强烈。学习时间在30分钟以上的估计系数为0.4359，系数值为正，且在1％的统计水平上显著，说明学习时间与学生在线学习意愿之间存在正向关系，学习时间越长的学生越有意向进行线上学习。学习状态的估计系数为 0.4936，系数值为正，且在 1% 的统计水平上显著，说明学习状态与学生在线学习意愿之间存在正向的促进关系，学生在线上学习中越投入，进行线上学习的意愿越强烈。

表 3 - 2 中被解释变量只有两种分类，即"愿意"和"不愿意"，为了进一步探讨不同因素对学生在线学习意愿的影响，本书将学生在线学习意愿作为连续变量（"非常愿意"为 1、"愿意"为 2、"一般"为 3、"不愿意"为 4、"非常不愿意"为 5），用 Oprobit 模型进行回归，得到回归结果（见表 3 - 3）。模型（1）的结果显示，将学生在线学习意愿作为连续变量考察后，学校类型这一学校特征对于学生在线学习意愿的促进作用更加显著，其估计系数为 -0.1986，且在 1% 的统计水平上显著，表 3 - 2 中的结果低估了学校类型对于学生在线学习意愿的影响。模型（2）报告的结果显示，学习频率和学习积极性的估计系数分别为 0.5431 和 0.3948，且在 1% 的统计水平上显著，说明学习频率和学习积极性都能够促进学生在线学习意愿，表 3 - 2 的结果高估了学习频率对学生在线学习意愿的影响。除此之外，课堂互动和学习效果的估计系数分别为 0.2860 和 0.2466，且在 1% 的统计水平上显著，与表 3 - 2 的结果基本一致，说明课堂互动和学习效果对于学生在线学习意愿的促进作用较为显著。

表 3 – 3　　学生在线学习意愿影响因素的 Oprobit 回归结果

变量名称		模型（1）		模型（2）	
		回归系数	标准差	回归系数	标准差
个人特征	性别	0.0319	0.0688	0.0830	0.0723
	年龄	− 0.0477 **	0.0228	− 0.0101	0.0237
	年级	− 0.0141	0.1390	− 0.0454	0.1440
	专业类别（对照组：自然科学）　人文科学	− 0.0101	0.1064	− 0.0574	0.1105
	其他科目	0.1806	0.1154	0.1537	0.1196
	生活费（对照组：1000 元及以下）　1001 ~ 2000 元	0.1358	0.0946	0.0832	0.0980
	2001 ~ 3000 元	0.0830	0.1439	− 0.0037	0.1490
	3000 元以上	− 0.4651 **	0.2074	− 0.4800 **	0.2195
	所在地区（对照组：西部）　中部	− 0.0253	0.1637	− 0.1263	0.1724
	东部	− 0.2074	0.1688	− 0.2356	0.1779
学校特征	学校水平（对照组：985/211 高校）　一般本科院校	0.2336	0.2582	0.0908	0.2681
	专科院校	0.0947	0.2818	− 0.0659	0.2926
	学校性质	− 0.1427	0.1113	0.0299	0.1151
	学校类型	− 0.1986 ***	0.0767	− 0.1230	0.0794
	所在城市	0.0064	0.0935	− 0.0091	0.0967
	硕、博点	− 0.1789 **	0.0880	− 0.1459	0.0913
学习特征	学习频率			0.5431 ***	0.0801
	关注点（对照组：授课内容）　学习体验			0.0054	0.0532
	证书认证			0.1513	0.1771
	积极性			0.3948 ***	0.0848
	课堂互动			0.2860 ***	0.0723
	学习效率			0.4201 ***	0.0868
	学习效果			0.2466 ***	0.0543
	有效学习时间（对照组：15 分钟以下）　15 ~ 30 分钟			0.4039 ***	0.1136
	30 分钟以上			0.4419 ***	0.1267
	学习状态			0.3714 ***	0.0997

注：* 、** 、*** 分别表示在 10% 、5% 和 1% 的统计水平上显著。

　　学习频率对于学生在线学习意愿具有显著的推动作用，导致这一结果的原因可能是，学习频繁的学生通常有着强烈的学习要求与目的，更重视学习的结果与效率，而网络教育则可以为学生提供各种不同的学习方式，让他们有自己的选择。在线教育还能为学生节约时间，降低费用，使学生能够更灵活地规划自己的学习计划与进程。学习积极性对于学生的在线学习意向也具有良好的影响，这是由于学习热情高的学习者通常具有良好的学习技能与习惯，可以对自己的学习进行独立的组织与管理，而在线学习则要求学习者具有一定的自我管理与自律能力。在线教学还能提高学生的信息素质与科技水平，使学生能够更好地使用网络工具与平台。课堂互动次数越多，学生的在线学习意愿越强。其原因可能在于，上课互动越频繁的学生，其学习态度越开明，对新的学习方法越感兴趣，越愿意接受新的学习方法。而线上学习这种新型的学习模式，能够为学生提供更多的学习形式和互动，从而提高学生的学习兴趣与创造性。在线教学还能扩大学生的学习空间，拓宽学生的知识面，使学生能够与来自世界各地、不同文化背景的学生进行沟通与协作。

　　学习效率和学习效果对学生线上学习意愿的影响也是正向的，学习效率越高，学习效果越好，就越能激发和增强学习者的学习意愿。这是由于学习效率是指学习者在某一特定时期内完成学习任务的次数，而学习结果则是学习者在某一段时间内完成学习任务的质量，它体现了学习的收益。学习效率高、学习效果好意味着学习者能够在较短的时间内掌握更多的知识和技能，从而提高了学习的成就感和自信心，增加了学习的满足感和乐趣，提高了学习者对在线学习的兴趣和热情。同时，他们有明确的学习目标和计划，有积极的学习态度和策略，有持续的学习行为和习惯，有良好的学习环境和支持，这些都有利于学习者有效地组织和管理自己的学习过程，有利于提高在线学习的意愿。

本书选取了另一个与学习意愿相同的被解释变量——学生在线学习满意度进行回归，做进一步的分析。运用 Oprobit 模型进行回归，得到回归结果，如表 3－4 所示。模型（1）的结果显示，年龄的估计系数为－0.0562，系数值为负，且在5%的统计水平上显著，说明年龄对于学生在线学习满意度具有负向作用，年龄越大，对在线学习的满意度越低。这可能是因为年龄较大的学生更习惯进行纸质版的线下学习，不习惯长时间盯着数字屏幕。学校性质的估计系数为－0.3462，且在1%的统计水平上显著，说明相比于公办学校学生，民办学校学生对于在线学习的满意度更高，民办学校的学生更加倾向于进行线上学习。出现这一结果的原因可能是相对于公办学校，民办学校的师资、配置等不能够满足学生的学习需求，学生更倾向于在网络上搜寻自己想学习的内容。

表 3 – 4　　学生在线学习满意度影响因素的 Oprobit 回归结果

变量名称		模型（1）		模型（2）	
		回归系数	标准差	回归系数	标准差
个人特征	性别	− 0. 0071	0. 0694	0. 0824	0. 0746
	年龄	− 0. 0562 **	0. 0228	0. 0038	0. 0242
	年级	− 0. 0334	0. 1388	− 0. 1484	0. 1466
	专业类别（对照组：自然科学）　人文科学	− 0. 0111	0. 1069	− 0. 0556	0. 1136
	其他科目	− 0. 0775	0. 1164	− 0. 1450	0. 1236
	生活费（对照组：1000 元及以下）　1001 ~ 2000 元	− 0. 0018	0. 0954	− 0. 0781	0. 1010
	2001 ~ 3000 元	− 0. 0165	0. 1456	− 0. 1231	0. 1542
	3000 元以上	− 0. 0012	0. 2011	0. 0884	0. 2133
	所在地区（对照组：西部）　中部	0. 1024	0. 1655	− 0. 0409	0. 1775
	东部	− 0. 0976	0. 1705	− 0. 1481	0. 1828
学校特征	学校水平（对照组：985/211 高校）　一般本科院校	0. 1921	0. 2564	0. 0477	0. 2689
	专科院校	− 0. 0433	0. 2803	− 0. 1918	0. 2947
	学校性质	− 0. 3462 ***	0. 1122	− 0. 1891	0. 1191
	学校类型	− 0. 1248	0. 0775	− 0. 0068	0. 0820
	所在城市	− 0. 1003	0. 0943	− 0. 1503	0. 1002
	硕、博点	− 0. 1528 *	0. 0885	− 0. 1193	0. 0939
学习特征	学习频率			− 0. 3114 ***	0. 0817
	关注点（对照组：授课内容）　学习体验			− 0. 0217	0. 0550
	证书认证			0. 1881	0. 1844
	积极性			− 0. 2786 ***	0. 0876
	课堂互动			− 0. 3309 ***	0. 0750
	学习效率			− 0. 7617 ***	0. 0914
	学习效果			0. 5008 ***	0. 0567
	有效学习时间（对照组：15 分钟以下）　15 ~ 30 分钟			− 0. 3215 ***	0. 1170
	30 分钟以上			− 0. 4123 ***	0. 1300
	学习状态			− 0. 5740 ***	0. 1066

注：*、**、*** 分别表示在 10%、5% 和 1% 的统计水平上显著。

模型（2）报告的结果显示，学习频率的估计系数是 -0.3114，系数值为负，且在1%的统计水平上显著，说明学习频率越高的学生对于在线学习的满意度越低。可能是因为在线学习频率高的学生越容易发现在线学习平台或者内容的漏洞，满意度会随之下降。学习积极性和课堂互动的估计系数分别为 -0.2786 和 -0.3309，说明学习积极性和课堂互动对学生在线学习满意度都具有负向作用，学生的学习积极性越高，课堂参与度越高，满意度越低。学习效果的估计系数为0.5008，系数值为正，说明学习效果越好，学生对在线学习的满意度越高。造成这一结果的可能原因有，在线学习平台在课程互动的设置等方面仍然存在问题，需要进行改善。同时，从表3-2、表3-3和表3-4的结果来看，学生对于学习效果的追求是影响学生在线学习意愿和满意度的重要因素。

二、稳健性检验

在前面实证结果的基础上，本书采用更换回归方法的方式进行稳健性检验。对于表3-2所展示的结果，本书用Logit模型和OLS模型分别进行回归，得到回归结果，如表3-5和表3-6所示。表3-5中模型（1）的结果显示，学校类型的估计系数为0.2745，且在10%的统计水平上显著；表3-6中模型（1）的结果显示，学校类型的估计系数为

0.0660，且在10%的统计水平上显著。表3-5中模型（2）和表3-6模型（2）的结果都显示，学习频率、学习积极性、课堂互动以及学习状态都会对学生的在线学习意愿产生正向影响，并且都在1%的统计水平上显著。学习效果对学生在线学习的影响为负向，回归结果与基准回归的结果一致，具有较强的稳健性。

表3-5　　　学生在线学习意愿影响因素的 Logit 回归结果

变量名称		模型（1）		模型（2）	
		回归系数	标准差	回归系数	标准差
个人特征	性别	-0.1084	0.1302	-0.2091	0.1526
	年龄	0.0363	0.0432	-0.0282	0.0501
	年级	0.2782	0.2659	0.3219	0.3022
	专业类别（对照组：自然科学） 人文科学	0.1148	0.2005	0.2413	0.2334
	其他科目	-0.1796	0.2178	-0.0920	0.2522
	生活费（对照组：1000元及以下） 1001~2000元	-0.1771	0.1786	-0.0713	0.2052
	2001~3000元	0.1196	0.2752	0.3983	0.3215
	3000元以上	0.2284	0.3870	0.2199	0.4677
	所在地区（对照组：西部） 中部	0.0369	0.3119	0.3187	0.3776
	东部	0.3143	0.3218	0.4831	0.3883
学校特征	学校水平（对照组：985/211高校） 一般本科院校	-0.6684	0.5340	-0.5165	0.6121
	专科院校	-0.3148	0.5733	-0.0539	0.6597
	学校性质	0.2294	0.2104	-0.0445	0.2377
	学校类型	0.2745 *	0.1461	0.1388	0.1671
	所在城市	0.0364	0.1780	0.1059	0.2019
	硕、博点	0.2530	0.1667	0.2325	0.1918

续表

变量名称		模型（1）		模型（2）	
		回归系数	标准差	回归系数	标准差
学习特征	学习频率			1.0409 ***	0.1688
	关注点（对照组：授课内容）学习体验			0.0440	0.1105
	关注点（对照组：授课内容）证书认证			1.0945 ***	0.4064
	积极性			0.5365 ***	0.1672
	课堂互动			0.4823 ***	0.1477
	学习效率			0.7806 ***	0.1723
	学习效果			− 0.3699 ***	0.1144
	有效学习时间（对照组：15分钟以下）15~30分钟			0.7481 ***	0.2550
	有效学习时间（对照组：15分钟以下）30分钟以上			0.7302 ***	0.2790
	学习状态			0.8246 ***	0.2181
常数项		− 0.4304	1.0937	− 0.9981	1.3282

注：*、**、*** 分别表示在 10%、5% 和 1% 的统计水平上显著。

表 3－6　　　学生在线学习意愿影响因素的 OLS 回归结果

变量名称		模型（1）		模型（2）	
		回归系数	标准差	回归系数	标准差
个人特征	性别	− 0.0263	0.0318	− 0.0361	0.0286
	年龄	0.0087	0.0104	− 0.0058	0.0093
	年级	0.0657	0.0638	0.0626	0.0566
	专业类别（对照组：自然科学）人文科学	0.0268	0.0491	0.0442	0.0436
	专业类别（对照组：自然科学）其他科目	− 0.0449	0.0533	− 0.0194	0.0473
	生活费（对照组：1000元及以下）1001~2000元	− 0.0434	0.0437	− 0.0105	0.0387
	生活费（对照组：1000元及以下）2001~3000元	0.0287	0.0668	0.0645	0.0593
	生活费（对照组：1000元及以下）3000元以上	0.0531	0.0921	0.0243	0.0820
	所在地区（对照组：西部）中部	0.0078	0.0752	0.0546	0.0675
	所在地区（对照组：西部）东部	0.0749	0.0774	0.0856	0.0695

续表

变量名称		模型（1）		模型（2）	
		回归系数	标准差	回归系数	标准差
学校特征	学校水平（对照组：985/211 高校）一般本科院校	-0.1455	0.1186	-0.0827	0.1052
	专科院校	-0.0607	0.1293	-0.0032	0.1145
	学校性质	0.0563	0.0513	-0.0108	0.0457
	学校类型	0.0660*	0.0354	0.0237	0.0314
	所在城市	0.0095	0.0432	0.0174	0.0384
	硕、博点	0.0609	0.0406	0.0402	0.0361
学习特征	学习频率			0.1999***	0.0314
	关注点（对照组：授课内容）学习体验			0.0114	0.0211
	证书认证			0.1959***	0.0708
	积极性			0.1101***	0.0336
	课堂互动			0.0935***	0.0287
	学习效率			0.1663***	0.0346
	学习效果			-0.0683***	0.0214
	有效学习时间（对照组：15分钟以下）15~30分钟			0.1230***	0.0447
	30分钟以上			0.1139**	0.0498
	学习状态			0.1536***	0.0393
常数项		0.3844	0.2607	0.3171	0.2430

注：*、**、***分别表示在10%、5%和1%的统计水平上显著。

对于将学生在线意愿作为连续变量进行探讨的表3-3中的结果，为了检验其稳健性，本书采用 Ologit 和 OLS 模型进行回归，得到回归结果，如表3-7和表3-8所示。表3-7中模型（1）报告的结果显示，学校类型对学生在线学习的影响较为显著。表3-8中模型（1）的结果显示

年龄的估计系数为 -0.0499，系数值为负，且在1%的统计水平上显著，与表3-3中的结果一致。表3-7中模型（2）和表3-8中模型（2）的结果都显示学习频率、学习积极性、课堂互动、学习效率、学习效果的估计系数值都为正，且都在1%的统计水平上显著，说明其对线上学习满意度都有显著的促进作用。学习状态的估计系数分别为 -0.7361 和 -0.2724，系数值为负，且在1%的统计水平上显著。表3-7与表3-8所报告的回归结果与基准回归的结果一致，具有较强的稳健性。

表 3-7　　学生在线学习意愿影响因素的 Ologit 回归结果

变量名称		模型（1）		模型（2）	
		回归系数	标准差	回归系数	标准差
个人特征	性别	0.0405	0.1195	0.0886	0.1264
	年龄	-0.0635	0.0394	0.0033	0.0420
	年级	-0.0638	0.2391	-0.1383	0.2525
	专业类别（对照组：自然科学）人文科学	-0.0622	0.1863	-0.1082	0.1943
	其他科目	0.2636	0.2018	0.2348	0.2101
	生活费（对照组：1000元及以下）1001~2000元	0.2352	0.1652	0.1105	0.1709
	2001~3000元	0.1071	0.2481	-0.0400	0.2612
	3000元以上	-0.8331 **	0.3705	-0.9069 **	0.3909
	所在地区（对照组：西部）中部	-0.0055	0.3023	-0.2363	0.3099
	东部	-0.3128	0.3097	-0.4216	0.3190

续表

变量名称		模型（1）		模型（2）	
		回归系数	标准差	回归系数	标准差
学校特征	学校水平（对照组：985/211 高校）一般本科院校	0.5253	0.4562	0.2522	0.4694
	专科院校	0.2151	0.5021	− 0.0793	0.5179
	学校性质	− 0.2468	0.1959	− 0.0069	0.2071
	学校类型	− 0.3076 **	0.1320	− 0.2008	0.1382
	所在城市	− 0.0164	0.1626	− 0.0478	0.1717
	硕、博点	− 0.2665 *	0.1526	− 0.2121	0.1619
学习特征	学习频率			0.9787 ***	0.1411
	关注点（对照组：授课内容）学习体验			0.0097	0.0934
	证书认证			− 0.2433	0.3171
	积极性			0.6388 ***	0.1474
	课堂互动			0.5280 ***	0.1266
	学习效率			0.7381 ***	0.1526
	学习效果			0.4608 ***	0.0967
	有效学习时间（对照组：15 分钟以下）15 ~ 30 分钟			− 0.6951 ***	0.2059
	30 分钟以上			− 0.7500 ***	0.2268
	学习状态			− 0.7361 ***	0.1809

注：* 、** 、*** 分别表示在10% 、5%和1%的统计水平上显著。

表 3 − 8　　学生在线学习意愿影响因素的 OLS 回归结果

变量名称		模型（1）		模型（2）	
		回归系数	标准差	回归系数	标准差
个人特征	性别	0.0388	0.0591	0.0680	0.0517
	年龄	− 0.0449 **	0.0194	− 0.0121	0.0168
	年级	0.0024	0.1186	− 0.0088	0.1023

续表

变量名称			模型（1）		模型（2）	
			回归系数	标准差	回归系数	标准差
个人特征	专业类别（对照组：自然科学）	人文科学	0.0028	0.0912	− 0.0213	0.0787
		其他科目	0.1631	0.0991	0.1209	0.0853
	生活费（对照组：1000 元及以下）	1001 ~ 2000 元	0.1077	0.0812	0.0554	0.0699
		2001 ~ 3000 元	0.0582	0.1243	− 0.0152	0.1072
		3000 元以上	− 0.3438 **	0.1712	− 0.2800 *	0.1480
	所在地区（对照组：西部）	中部	− 0.0559	0.1398	− 0.1054	0.1218
		东部	− 0.2030	0.1440	− 0.1714	0.1256
学校特征	学校水平（对照组：985/211 高校）	一般本科院校	0.1768	0.2206	0.0453	0.1900
		专科院校	0.0873	0.2404	− 0.0344	0.2068
	学校性质		− 0.1247	0.0954	0.0178	0.0825
	学校类型		− 0.1740 ***	0.0659	− 0.0872	0.0568
	所在城市		0.0111	0.0804	0.0015	0.0694
	硕、博点		− 0.1547 **	0.0754	− 0.1006	0.0651
学习特征	学习频率				0.3616 ***	0.0567
	关注点（对照组：授课内容）	学习体验			0.0032	0.0382
		证书认证			− 0.0659	0.1278
	积极性				0.2866 ***	0.0608
	课堂互动				0.1981 ***	0.0518
	学习效率				0.2849 ***	0.0625
	学习效果				0.1658 ***	0.0386
	有效学习时间（对照组：15 分钟以下）	15 ~ 30 分钟			− 0.3358 ***	0.0808
		30 分钟以上			− 0.3450 ***	0.0899
	学习状态				− 0.2724 ***	0.0709

注：* 、** 、*** 分别表示在 10% 、5% 和 1% 的统计水平上显著。

　　为了检验表3-4中学生在线学习满意度的结果是否稳健，本书运用 Ologit 和 OLS 模型分别进行回归，得到回归结果，如表3-9和表3-10所示。表3-9和表3-10中模型（1）的结果均显示，年龄对学生在线学习满意度具有负向作用，而学校性质对学生在线学习满意度具有正向的促进作用。表3-9和表3-10中模型（2）的结果均显示，学生的学习频率、学习积极性以及课堂的互动效果、学生在线学习效果均对学生的在线学习满意度存在负向的阻碍作用。学习效果的估计系数分别为 0.8826 和 0.3042，且均在 1% 的统计水平上显著，说明学习效果对学生在线学习的满意度具有正向的促进作用，学习效果越好，学生对于在线学习的满意度越高。表3-9和表3-10所报告的回归结果与表3-4中的回归结果一致，具有较强的稳健性。

表 3 - 9　　学生在线学习满意度影响因素的 Ologit 回归结果

变量名称		模型（1）		模型（2）	
		回归系数	标准差	回归系数	标准差
个人特征	性别	- 0.0377	0.1221	0.0898	0.1327
	年龄	- 0.0995 **	0.0397	- 0.0089	0.0439
	年级	- 0.0389	0.2384	- 0.1604	0.2615
	专业类别（对照组：自然科学） 人文科学	- 0.0657	0.1874	- 0.1104	0.1986
	其他科目	- 0.1258	0.2052	- 0.2242	0.2168
	生活费（对照组：1000 元及以下） 1001～2000 元	0.0399	0.1692	- 0.0680	0.1813
	2001～3000 元	0.0138	0.2555	- 0.1480	0.2796
	3000 元以上	0.0922	0.3716	0.2389	0.3876
	所在地区（对照组：西部） 中部	0.2176	0.3198	- 0.0776	0.3339
	东部	- 0.1618	0.3268	- 0.3088	0.3423

续表

变量名称			模型（1）		模型（2）	
			回归系数	标准差	回归系数	标准差
学校特征	学校水平（对照组：985/211 高校）	一般本科院校	0.3294	0.4260	0.2369	0.4719
		专科院校	−0.1006	0.4767	−0.2078	0.5234
	学校性质		−0.5606 ***	0.2009	−0.3318	0.2179
	学校类型		−0.2097	0.1354	−0.0279	0.1464
	所在城市		−0.2088	0.1634	−0.2905	0.1797
	硕、博点		−0.2717 *	0.1549	−0.2187	0.1688
学习特征	学习频率				−0.5326 ***	0.1431
	关注点（对照组：授课内容）	学习体验			−0.0121	0.0981
		证书认证			0.3872	0.3267
	积极性				−0.5402 ***	0.1544
	课堂互动				−0.6644 ***	0.1336
	学习效率				−1.3495 ***	0.1622
	学习效果				0.8826 ***	0.1033
	有效学习时间（对照组：15 分钟以下）	15 ~ 30 分钟			−0.5769 ***	0.2165
		30 分钟以上			−0.7300 ***	0.2380
	学习状态				−1.1728 ***	0.2031

注：*、**、*** 分别表示在 10%、5% 和 1% 的统计水平上显著。

表 3 − 10　学生在线学习满意度影响因素的 OLS 回归结果

变量名称		模型（1）		模型（2）	
		回归系数	标准差	回归系数	标准差
个人特征	性别	−0.0003	0.0546	0.0536	0.0441
	年龄	−0.0436 **	0.0179	0.0025	0.0144
	年级	−0.0309	0.1094	−0.0888	0.0873

续表

变量名称		模型（1）		模型（2）	
		回归系数	标准差	回归系数	标准差
个人特征	专业类别（对照组：自然科学）人文科学	−0.0024	0.0842	−0.0246	0.0672
	其他科目	−0.0590	0.0915	−0.0845	0.0729
	生活费（对照组：1000 元及以下）1001～2000 元	−0.0149	0.0749	−0.0526	0.0597
	2001～3000 元	−0.0271	0.1147	−0.0824	0.0915
	3000 元以上	−0.0184	0.1580	0.0343	0.1264
	所在地区（对照组：西部）中部	0.0589	0.1290	−0.0386	0.1041
	东部	−0.0922	0.1329	−0.0967	0.1072
学校特征	学校水平（对照组：985/211 高校）一般本科院校	0.1473	0.2036	0.0369	0.1623
	专科院校	−0.0393	0.2218	−0.1075	0.1766
	学校性质	−0.2817***	0.0880	−0.1282*	0.0704
	学校类型	−0.1015*	0.0608	−0.0106	0.0485
	所在城市	−0.0791	0.0742	−0.0913	0.0592
	硕、博点	−0.1164*	0.0696	−0.0647	0.0556
学习特征	学习频率			−0.1810***	0.0484
	关注点（对照组：授课内容）学习体验			−0.0129	0.0326
	证书认证			0.1322	0.1091
	积极性			−0.1627***	0.0519
	课堂互动			−0.1934***	0.0443
	学习效率			−0.4405***	0.0534
	学习效果			0.3042***	0.0329
	有效学习时间（对照组：15 分钟以下）15～30 分钟			−0.2216***	0.0690
	30 分钟以上			−0.2743***	0.0768
	学习状态			−0.3258***	0.0606

注：*、**、***分别表示在 10%、5%和 1%的统计水平上显著。

三、异质性分析

(一) 不同学习频率异质性

本书将学生的线上学习频率划分为频繁和不频繁两种情况，进一步考察表3－1中各种因素对学生在线学习意愿的影响的异质性，结果如表3－11所示。表3－11的回归结果显示，不同的学习频率下，各因素对学生在线学习意愿的影响差异较大。在线学习频繁课堂互动和学习时间在30分钟以上的估计系数分别为0.8396和0.6956，且都在1%的统计水平下显著，显著高于在线学习不频繁的学生，说明在线学习频繁的学生受课堂互动频率、线上学习的学习效果以及学习时间的影响更大。频繁进行线上学习的学生，学习状态的估计系数为0.5770，而不频繁的为－0.6473，说明在线学习不频繁的学生不仅受到线上学习内容和老师教学的影响，还受学习状态的影响较大。

表3－11　不同学习频率下学生在线学习意愿影响因素的 Probit 回归结果

变量名称		频繁		不频繁	
		回归系数	标准差	回归系数	标准差
个人特征	性别	－0.2696	0.2050	－0.1255	0.1054
	年龄	－0.0192	0.0613	－0.0258	0.0364
	年级	0.3729	0.3564	0.2349	0.2244

续表

变量名称		频繁		不频繁	
		回归系数	标准差	回归系数	标准差
个人特征	专业类别（对照组：自然科学） 人文科学	0.1171	0.2728	0.1965	0.1722
	其他科目	−0.3569	0.3073	0.0910	0.1815
	生活费（对照组：1000元及以下） 1001~2000元	0.0552	0.2436	−0.0946	0.1487
	2001~3000元	0.4039	0.3983	0.2141	0.2285
	3000元以上	−0.6038	0.4565	0.2988	0.3671
	所在地区（对照组：西部） 中部	0.0254	0.4422	0.3231	0.2841
	东部	0.1468	0.4585	0.4308	0.2901
学校特征	学校水平（对照组：985/211高校） 一般本科院校	−0.2938	0.6271	−0.3647	0.4738
	专科院校	0.8320	0.7498	−0.2082	0.5101
	学校性质	−0.5213	0.3215	0.0665	0.1697
	学校类型	0.0551	0.2315	0.0668	0.1139
	所在城市	−0.1976	0.2546	0.1343	0.1425
	硕、博点	0.1007	0.2181	0.1505	0.1365
学习特征	关注点（对照组：授课内容） 学习体验	0.6643	0.4716	0.7303 **	0.2843
	证书认证	0.2998	0.2106	0.3536 ***	0.1188
	积极性	0.5235 ***	0.1902	0.2247 **	0.1030
	课堂互动	0.8396 ***	0.2201	0.3847 ***	0.1217
	学习效率	−0.1786	0.1339	−0.2444 ***	0.0820
	学习效果	0.1380	0.2913	0.5784 ***	0.1872
	有效学习时间（对照组：15分钟以下） 15~30分钟	0.0201	0.3138	0.6084 ***	0.2063
	30分钟以上	0.6956 **	0.3153	0.4576 ***	0.1440
	学习状态	0.5770	1.6391	−0.6473	0.9940
样本量		310		758	

注：*、**、***分别表示在10%、5%和1%的统计水平上显著。

（二）学习意愿的区域异质性

区域因素包括地域、经济发展水平、教育资源配置、文化传统等，都会影响到学生在线学习的认知、态度、动机，以及满意度等，不同地区的学生在线学习的意愿呈现出异质性。本书根据实际的地区差异，将大学生按地域划分为中、西、东部三个地区，对大学生在线学习意愿的地域异质性进行了研究。通过表3-12的回归结果可以看出，各地学生的在线学习使用状况存在着明显的差别，其中，在在线学习的使用频率、使用时长等方面，东部地区都比中部和西部要高，这说明东部地区的学生在在线学习方面的投入较高，这可能是受到东部的网络条件、经济水平以及教育资源等因素的影响。东部地区的学生在线学习的意愿和满意度都比中、西部要高，这说明东部地区的学生对在线学习的认同程度和满意度要高，这可能与东部地区的学生对在线学习的认知、态度、动机等相关。

表3-12　　　学生在线学习意愿影响因素的区域异质性

变量名称		西部	中部	东部
		回归系数	回归系数	回归系数
个人特征	性别	1.4445 *** (0.5507)	0.0752 (0.0928)	0.0687 (0.1295)
	年龄	0.2514 (0.1530)	-0.0010 (0.0309)	-0.0485 (0.0445)

续表

变量名称			西部	中部	东部
			回归系数	回归系数	回归系数
个人特征	年级		−1.8148** (0.8845)	−0.0603 (0.1963)	0.0001 (0.2583)
	专业类别（对照组： 自然科学）	人文科学	1.4585* (0.7756)	−0.1872 (0.1459)	0.1154 (0.2065)
		其他科目	1.8984** (0.8918)	0.0543 (0.1560)	0.2431 (0.2289)
	生活费（对照组： 1000元及以下）	1001~2000元	0.8559 (0.5816)	0.0098 (0.1249)	0.1864 (0.1846)
		2001~3000元	0.4427 (0.9205)	0.0133 (0.1970)	0.0539 (0.2714)
		3000元以上	0.5846 (0.9861)	−0.4019 (0.2955)	−1.1094** (0.4781)
学校特征	学校水平（对照组： 985/211高校）	一般本科院校	0.1637 (0.7755)	−0.3103 (0.4764)	−0.4470 (0.6785)
		专科院校	0.0208 (0.8272)	−0.5374 (0.5041)	−0.3761 (0.7394)
	学校性质		−1.6338** (0.7324)	0.1038 (0.1427)	0.0477 (0.2472)
	学校类型		0.4738 (0.4614)	−0.0594 (0.1001)	−0.2890* (0.1530)
	所在城市		0.4019 (0.5804)	0.1018 (0.1241)	−0.1825 (0.1849)
	硕、博点		−0.8520 (0.5544)	−0.1987* (0.1185)	−0.0686 (0.1660)

续表

变量名称		西部	中部	东部
		回归系数	回归系数	回归系数
学习特征	学习频率	-1.5375 *** (0.5483)	-0.4604 *** (0.1038)	-0.6160 *** (0.1408)
	关注点（对照组：授课内容） 学习体验	-0.1005 (0.3969)	0.0256 (0.0678)	-0.0311 (0.0970)
	关注点（对照组：授课内容） 证书认证	1.0364 (0.7429)	-0.0340 (0.2248)	-0.4125 (0.3922)
	积极性	-0.8488 (0.5436)	-0.4205 *** (0.1065)	-0.4377 *** (0.1587)
	课堂互动	-1.0839 ** (0.5522)	-0.3554 *** (0.0918)	-0.1555 (0.1312)
	学习效率	-0.6167 (0.6074)	-0.4219 *** (0.1094)	-0.3462 ** (0.1622)
	学习效果	0.3958 (0.3370)	0.2949 *** (0.0715)	0.1308 (0.0960)
	有效学习时间（对照组：15分钟以下） 15~30分钟	0.8098 (0.5931)	-0.3583 ** (0.1438)	-0.7193 *** (0.2227)
	有效学习时间（对照组：15分钟以下） 30分钟以上	0.6503 (0.7797)	-0.4131 *** (0.1593)	-0.7781 *** (0.2497)
	学习状态	-1.9747 ** (0.8719)	-0.4261 *** (0.1223)	-0.1823 (0.1925)
样本量		57	669	342

注：（1） *、**、*** 分别表示在10%、5%和1%的统计水平上显著；（2）括号内为标准差。

（三）学习意愿的学校性质异质性

本研究以公办与民办两种情形为研究对象，探讨不同因素对在线学习意愿影响的异质性。表 3 – 13 的回归结果显示，学校类型不同时，各因素对学生在线学习意愿的影响有着较大的差异。学生学习频率和学习积极性方面，民办学校学生的估计系数分别为 0.5491、0.5153，在 1% 的统计水平上显著，这两个系数远高于公办学生，说明私立学校的学生，在学习频率和学习积极性越高的情况下，对于在线学习的意愿越强烈。公办学校学习效率的估计系数为 0.4634，且在 1% 的统计水平上显著，说明相比于学习频率和学习积极性，公办学生在线学习意愿受到学习效率的影响更大。

表 3 – 13　　学生在线学习意愿影响因素的学校性质异质性

变量名称		公办学校		民办学校	
		回归系数	标准差	回归系数	标准差
	性别	0.0798	0.0789	0.2213	0.2045
	年龄	0.0036		0.0145	0.0633
	年级	− 0.1035	0.1610	− 0.1634	0.4173
个人特征	专业类别（对照组：自然科学）人文科学	− 0.1297	0.1182	0.7348 **	0.3625
	专业类别（对照组：自然科学）其他科目	0.0961	0.1324	1.0561 ***	0.3726
	生活费（对照组：1000 元及以下）1001 ~ 2000 元	0.1377	0.1058	− 0.2005	0.2920
	生活费（对照组：1000 元及以下）2001 ~ 3000 元	0.0572	0.1649	− 0.4844	0.4070
	生活费（对照组：1000 元及以下）3000 元以上	− 0.6447 **	0.2606	− 0.3517	0.5183
	所在地区（对照组：西部）中部	0.0012	0.1891	− 1.1547 **	0.4936
	所在地区（对照组：西部）东部	− 0.0923	0.1950	− 1.5743 ***	0.5351

续表

变量名称		公办学校		民办学校	
		回归系数	标准差	回归系数	标准差
学校特征	学校水平（对照组：985/211 高校）　一般本科院校	－ 0.0004	0.2729	－ 0.3106	0.2943
	专科院校	－ 0.3113	0.3069	－ 0.2507	0.0609
	学校类型	－ 0.1620 *	0.0914	0.1121	0.1964
	所在城市	0.0137	0.1144	－ 0.0773	0.2325
	硕、博点	－ 0.1328	0.0984	－ 0.4733	0.4638
学习特征	学习频率	0.5435 ***	0.0866	0.5491 **	0.2284
	关注点（对照组：授课内容）　学习体验	－ 0.0179	0.0592	0.0499	0.1327
	证书认证	0.1687	0.1909	0.3271	0.5442
	积极性	0.3865 ***	0.0928	0.5153 **	0.2286
	课堂互动	0.3184 ***	0.0785	0.2050	0.2005
	学习效率	0.4634 ***	0.0949	0.2649	0.2433
	学习效果	0.2656 ***	0.0592	0.1841	0.1530
	有效学习时间（对照组：15 分钟以下）　15 ~ 30 分钟	0.4325 ***	0.1255	0.3026	0.3094
	30 分钟以上	0.4858 ***	0.1393	0.2444	0.3473
	学习状态	0.3154 ***	0.1110	0.5767 **	0.2601
样本量		912		156	

注：*、**、*** 分别表示在 10%、5% 和 1% 的统计水平上显著。

（四）学习满意度的区域异质性

在线学习满意度是指学生对在线学习的过程和结果的评价和感受，是反映在线学习效果的重要指标。网络学习满意度受多种因素的影响，地域因素是不可忽视的。地域因素主要包括地理位置、经济发展水平、教育资源分配、文化传统等方面，这些因素可能对学生的在线学习需求、期望、体验、反馈等产生影响，从而导致不同区域的学生在线学习满意度存在异质性。通过表3-14的回归结果发现，学生在线学习的满意度在不同区域存在差异，其中东部地区的学生在线学习的满意度更高，表明东部地区的学生对在线学习的评价和感受更高，这与我国东部地区的网络状况、经济发展水平、教育资源等因素有一定关系。学生在线学习的满意度与在线学习的使用情况呈正相关关系，即学生在线学习的使用频率、使用时长、使用平台数、使用课程数等指标越高，其在线学习的满意度也越高，反之亦然。这说明提高学生在线学习的使用情况是提升学生在线学习的满意度的重要途径，需要从增加在线学习的供给、丰富在线学习的内容、优化在线学习的形式等方面着手。

表3-14　　学生在线学习满意度影响因素的区域异质性

变量名称		西部	中部	东部
		回归系数	回归系数	回归系数
个人特征	性别	1.4903 *** (0.5373)	0.1021 (0.0966)	-0.0584 (0.1333)
	年龄	0.6504 *** (0.1924)	-0.0352 (0.0319)	0.0379 (0.0443)
	年级	-2.5457 *** (0.9687)	0.0523 (0.2037)	-0.2674 (0.2560)
	专业类别（对照组：自然科学） 人文科学	-0.1495 (0.7622)	-0.0358 (0.1515)	-0.0696 (0.2121)
	其他科目	1.7653 * (1.0198)	-0.1560 (0.1622)	-0.1762 (0.2374)

续表

变量名称		西部	中部	东部
		回归系数	回归系数	回归系数
个人特征	生活费（对照组：1000 元及以下） 1001～2000 元	−0.0678 (0.6255)	0.0228 (0.1303)	−0.2409 (0.1893)
	2001～3000 元	−0.4896 (0.9603)	0.1030 (0.2072)	−0.4589 (0.2796)
	3000 元以上	1.2318 (1.1657)	0.1211 (0.2934)	−0.0982 (0.4005)
学校特征	学校水平（对照组：985/211 高校） 一般本科院校	−1.8087 ** (0.8195)	0.3719 (0.4838)	0.3037 (0.6870)
	专科院校	−2.3518 *** (0.8988)	0.2090 (0.5128)	0.0093 (0.7481)
	学校性质	−1.4431 ** (0.7259)	−0.1206 (0.1485)	−0.2711 (0.2556)
	学校类型	−0.2904 (0.5238)	0.0532 (0.1043)	−0.0913 (0.1582)
	所在城市	−0.1243 (0.6080)	−0.0723 (0.1299)	−0.1148 (0.1911)
	硕、博点	−0.4676 (0.6030)	−0.1414 (0.1235)	−0.0427 (0.1703)
学习特征	学习频率	0.1845 (0.5871)	−0.2204 ** (0.1075)	−0.4826 *** (0.1432)
	关注点（对照组：授课内容） 学习体验	−1.6287 *** (0.5120)	−0.0164 (0.0708)	0.0299 (0.0994)
	证书认证	1.0382 (0.8548)	0.1232 (0.2399)	0.4209 (0.3930)
	积极性	1.9896 *** (0.7093)	0.3279 *** (0.1107)	0.1309 (0.1622)

续表

变量名称		西部	中部	东部
		回归系数	回归系数	回归系数
学习特征	课堂互动	0.7809 (0.5392)	0.3438 *** (0.0963)	0.3262 ** (0.1350)
	学习效率	0.5633 (0.6875)	0.7476 *** (0.1158)	0.9249 *** (0.1729)
	学习效果	0.5572 (0.3491)	0.5629 *** (0.0759)	0.3936 *** (0.0980)
	有效学习时间（对照组：15分钟以下） 15~30分钟	1.2746 ** (0.6403)	− 0.2473 * (0.1489)	− 0.9812 *** (0.2344)
	30分钟以上	0.0827 (0.7826)	0.2805 * (0.1648)	1.1119 *** (0.2603)
	学习状态	1.3182 (0.8364)	0.7211 *** (0.1341)	0.2368 (0.2033)
样本量		57	669	342

注：（1）*、**、***分别表示在10%、5%和1%的统计水平上显著；（2）括号内为标准差。

（五）学习满意度的有效学习时间异质性

有效学习时间是指学生在在线学习中真正投入到学习活动中的时间，是影响在线学习效果的关键因素。在线学习满意度与有效学习时间之间存在着复杂的相互作用关系，不同的学生可能在不同的有效学习时间下表现出不同的在线学习满意度，即存在有效学习时间异质性。表3-15为学生在线学习的满意度在不同区域的差异，其中东部地区的学生在线学习的满意度均高于中部和西部地区，表明东部地区的学生对在线学习的评价和感受更高。学生在线学习的有效学习时间在不同区域也存在差异，东部地区明显偏高，表明东部地区的学生在线学习的投入和参与度更高，这可能与东部地区的学生对在线学习的需求、期望、动机等有关。学生在线学习的满意度与有效学习时间呈正相关关系，即学生在线学习的有效学习时间越长，其在线学习的满意度也越高，反之亦然。这说明提高学生在线学习的有效学习时间是提升学生在线学习的满意度的重要途径，需要从增加在线学习的吸引力、激励性、互动性等方面着手。

表 3-15　　学生在线学习满意度影响因素的有效学习时间异质性

变量名称		15 分钟以内	15~30 分钟	30 分钟以上
		回归系数	回归系数	回归系数
个人特征	性别	-0.0206 (0.2442)	0.0170 (0.0983)	0.1351 (0.1538)
	年龄	0.0677 (0.0800)	-0.0350 (0.0336)	0.0173 (0.0452)
	年级	-0.3420 (0.4736)	-0.2416 (0.2049)	0.4091 (0.2736)
	专业类别（对照组：自然科学）　人文科学	0.9230 *** (0.3485)	-0.2255 (0.1605)	-0.0370 (0.2187)
	其他科目	-0.0823 (0.4011)	-0.2766 (0.1739)	0.0394 (0.2389)

续表

变量名称			15 分钟以内	15～30 分钟	30 分钟以上
			回归系数	回归系数	回归系数
个人特征	生活费（对照组：1000 元及以下）	1001～2000 元	−0.3480 (0.3196)	0.0610 (0.1340)	−0.2029 (0.2069)
		2001～3000 元	−0.6408 (0.4451)	0.1665 (0.2100)	−0.2133 (0.3310)
		3000 元以上	−1.4732* (0.7945)	0.5185 (0.3221)	−0.2948 (0.3681)
	所在地区	西部	0.4189 (0.4093)	−0.4088* (0.2428)	0.0884 (0.4513)
		中部	0.7855* (0.4390)	−0.5959** (0.2507)	−0.1104 (0.4503)
		东部	−0.6654 (1.0688)	0.1684 (0.3687)	0.0084 (0.5331)
学校特征	学校水平（对照组：985/211 高校）	一般本科院校	−0.4697 (1.0618)	0.0308 (0.4064)	−0.4657 (0.5853)
		专科院校	−0.4193 (0.3611)	−0.2096 (0.1662)	−0.0500 (0.2387)
	学校性质		0.3070 (0.2703)	−0.0138 (0.1082)	−0.0551 (0.1657)
	学校类型		−0.3426 (0.3303)	−0.1525 (0.1357)	−0.1116 (0.1939)
	所在城市		0.2287 (0.3528)	0.0149 (0.1255)	−0.4171** (0.1805)
	硕、博点		−0.3021 (0.2705)	−0.3902*** (0.1098)	−0.2251 (0.1575)

续表

变量名称		15 分钟以内	15 ~ 30 分钟	30 分钟以上
		回归系数	回归系数	回归系数
学习特征	学习频率	0.0136 (0.2095)	− 0.0087 (0.0692)	− 0.1415 (0.1183)
	关注点（对照组：授课内容）　学习体验	0.5225 (0.4071)	0.1721 (0.2797)	0.0358 (0.3670)
	关注点（对照组：授课内容）　证书认证	− 0.4366 (0.3091)	− 0.2710 ** (0.1127)	− 0.3338 * (0.1732)
	积极性	0.1791 (0.2940)	− 0.3722 *** (0.0966)	− 0.4124 *** (0.1511)
	课堂互动	− 0.7959 *** (0.3013)	− 0.8021 *** (0.1176)	− 0.8386 *** (0.1953)
	学习效率	0.8066 *** (0.1653)	0.4341 *** (0.0766)	0.5364 *** (0.1163)
	学习效果	− 0.6142 ** (0.3108)	− 0.5638 *** (0.1344)	− 0.6994 ** (0.3093)
样本量		124	660	284

注：（1）＊、＊＊、＊＊＊分别表示在10%、5%和1%的统计水平上显著；（2）括号内为标准差。

第四节　本章小结

本章通过一手调查问卷数据，使用 Probit 和 Oprobit 回归模型，实证分析了个人特征、学校特征，以及在线学习特征等因素对大学生在线学习意愿的影响。得到以下几点结论。

第一，学习频率、课堂互动、学习效率以及学习状态对大学生在线学习意愿具有明显的促进作用。学习频率越高，则表示在线学习的兴趣越大，越能维持在线学习的连续性与稳定性，进而提升在线学习的意愿。课堂互动越多，学生在在线学习中就会表现出更积极的态度，能够从网络学习中得到更多的支持与反馈，进而提升他们的网上学习意愿。学习效率越高，显示学生对网络学习的自信程度越高，越能够达成其学习目的与价值，进而提升线上学习的意愿。学习状态越好，表示学生对在线学习的积极性越高，越能享受在线学习的历程与成果，进而提升在线学习的意愿。学习频率、课堂互动、学习效率以及学习状态等因素，都能显著提高大学生的在线学习意愿，能从多个视角激发并保持学生在线学习的兴趣与行为，提高在线学习的效果与持续性。

第二，学生在进行线上学习时对于学习效果的追求，是学生在线学习意愿、在线学习满意度的重要影响因素。如果学生发现在线学习效果较好，那么学生对于线上学习的满意度就越高，学习意愿也越强烈。这也许是由于学生对学习结果的追求可以使他们的学习兴趣与动机得以保持，促使他们的自学与积极参与，加强他们的自信心与责任感，进而提升他们的在线学习意愿。学生对于学习效果的追求对线上学习满意度也有正向的影响。出现这一结果的可能原因是，学生对学习的效果的追求，可以促使他们的学习效果与学习价值得以体现，使他们的学习经历与感受得到增强，让他们的学习成就感与骄傲感得到增强，进而使他们的在线学习满意度也会随之提升。学生对学习效果的追逐是影响在线学习意向与满意度的一个关键要素，能够从多个方面对在线学习的过程与结果产生影响。

第三，学习平台构建对大学生网上学习行为的影响非常大。网络平台上更优秀的课程和教师，以及更好的证书，都会让学生更愿意在网上学习。究其原因，很大程度上是因为教学平台的好坏，将会影响到学员的学习效果。网络平台的课程要求内容丰富，结构合理，组织灵活，适应不同程度的学生。网络教育平台的老师要有丰富的经验，有良好的授课技能，有良好的交互性，能够激发学生的学习热情。在线平台的认证应当具备权威机构、公平评价、有效证明、获得广泛认同与认同。以上三个方面均可提升在线学习的自信与满足感，进而提升其在线学习的意愿。为了满足学生多元化、个性化的学习需要，网络教学平台的构建是在线教育的一个重要组成部分。

第四，学生在线学习的学习意愿和满意度在不同区域各不相同。结果显示，东部地区大学生对网上学习的满意度明显高于中、西部，说明他们对网上学习有较高的评价与感受。东部地区的网络条件相对较好，能够保证在线学习的流畅和稳定，减少了学生的不便和困扰。东部地区的经济发展程度比较高，可以为学生在网上学习上投入更多的资金和时间，从而增强了他们的学习热情和积极性。东部地区拥有比较充裕的教育资源，可以使学生有更多的选择，有更多的机遇，更好地满足学生多元化、个性化的学习需要。以上三个方面均有利于提高在线学习的意愿和满意度，体现出我国东部地区在线学习的优势。

第 四 章

学生在线学习效果研究

第一节　变量设计

本章的被解释变量是学生进行线上学习后学习成绩是否得到提高，根据调查问卷中"通过线上教育学习后，您觉得您的学习成绩变化如何"进行赋值。首先，本章将学习成绩作为二值变量，若选择"提升"视为有所提升，赋值为1，"无变化、下降"视为没有提升，赋值为0。其次，本章更换了被解释变量，作为补充解释，补充的被解释变量为对线上学习成绩是否满意，根据问卷中"经过线上学习，您对您的成绩满意度如何"进行赋值。本章将线上学习成绩满意度作为连续变量进行分析。

在解释变量的基础上，本章考察了个人、学校以及学习特征对学生线上学习后学习成绩的影响。在被调查的群体中，男性占比 39.98%，受访者在 18～22 岁年龄段的占 82.58%，22～25 岁年龄段的占 12.36%，25～30 岁年龄段的占 5.06%。在就读专业方面，13.58% 的学生就读于自然科学专业，44.29% 的学生就读于人文社科专业，42.13% 的学生就读于其他专业。在所在年级方面，20.32% 的学生为大一年级学生，22.75% 的学生为大二年级学生，26.22% 的学生为大三年级学生，19.66% 的学生为大四年级学生，11.05% 的学生为研究生在读学生。学校特征包括学校水平、学校性质、学校类型、学校所在城市和学校硕、博点情况。

学习行为特征包括线上学习意愿、学习频率、课堂回放、学习影响、课堂互动、互动满意度、有效学习时长、课堂投入、课堂理解和学习效率。学习意愿是指对网上学习的态度，它表明了在线学习的意愿。学习效率是指在给定的时间段里，学习者在网络上进行学习这一行为的数量，它体现了学习者的学习习惯以及进行学习行为的持续性。课堂回放是指学生在进行线上课堂学习之后观看课堂回放，反映了学生课后的学习习惯。学习影响是指线上学习这一新型学习方式对学生学习的影响程度，反映了学习效果的一个方面。课堂互动是指学生在进行线上课堂学习的过程中与老师进行课堂上的问答互动，反映了学生线上课堂学习的配合和参与程度。有效学习时长是指学生在一定时间段内分配给线上学习活动的时间长度，反映了学生的学习计划和时间管理。课堂投入是指在网上课堂教学中，学生对课堂的专注度，也是学生在线学习的集中程度的体现。课堂理解是指学生线上课堂学习对课堂内容的理解程度，反映了学生线上学习吸收课堂内容的能力。学习效率是指学生在单位时间完成学习任务的质量和数量，反映了学习者的学习能力。具体定义和描述如表4-1所示。

表4-1　　　　　　　　主要变量的定义及描述性统计

变量名称			定义	平均值	标准差	最大值	最小值
被解释变量							
学习成绩			学习成绩提高为1，否为0	0.3989	0.4899	1	0
解释变量							
个人特征	性别		男性为1，女性为0	0.3998	0.4901	1	0
	年龄	18~22岁	18~22岁为1，否为0	0.8258	0.3794	1	0
		22~25岁	22~25岁为1，否为0	0.1236	0.3293	1	0
		25~30岁	25~30岁为1，否为0	0.0506	0.2192	1	0
	学习专业	自然科学专业	自然科学专业为1，否为0	0.1358	0.3427	1	0
		人文社科专业	人文社科专业为1，否为0	0.4429	0.4970	1	0
		其他专业	其他专业为1，否为0	0.4213	0.4940	1	0
	所在年级	大一	大一为1，否为0	0.2032	0.4026	1	0
		大二	大二为1，否为0	0.2275	0.4194	1	0
		大三	大三为1，否为0	0.2622	0.4400	1	0
		大四	大四为1，否为0	0.1966	0.3976	1	0
		研究生	研究生为1，否为0	0.1105	0.3136	1	0

续表

变量名称		定义	平均值	标准差	最大值	最小值
		解释变量				
学校特征	学校水平	985或211高校 / 985或211高校为1，否0	0.0206	50.1421	1	0
		一般本科院校 / 一般本科院校为1，否为0	0.8942	0.3077	1	0
		大专院校 / 大专院校为1，否为0	0.0852	0.2793	1	0
	学校性质	公办高校为1，否为0	0.8539	0.3533	1	0
	学校类型	综合类大学 / 综合类大学为1，否为0	0.0206	0.1421	1	0
		其他类大学 / 其他类为1，否为0	0.9794	0.1421	1	0
	所在城市	省会城市为1，否为0	0.2360	0.4248	1	0
	学校硕、博点	没有硕、博点 / 学校没有硕、博点为1，否为0	0.3614	0.4806	1	0
		仅有硕士点 / 学校仅有硕士点，否为0	0.4092	0.4919	1	0
		硕、博点均有 / 学校硕、博点均有为1，否为0	0.2294	0.4206	1	0
学习特征	学习意愿	愿意 / 学习意愿积极为1，否为0	0.5178	0.4999	1	0
		一般 / 学习意愿一般为1，否为0	0.4064	0.4914	1	0
		不愿意 / 学习意愿消极为1，否为0	0.0758	0.2649	1	0
	学习频率	频繁 / 学习频繁为1，否为0	0.2903	0.4541	1	0
		一般 / 学习频率一般为1，否为0	0.5880	0.4924	1	0
		不频繁 / 学习不频繁为1，否为0	0.1217	0.3271	1	0
	课堂回放	经常、有时 / 经常、有时观看课堂回放为1，否为0	0.6030	0.4895	1	0
		偶尔、从不 / 偶尔、从不观看回放为1，否为0	0.3970	0.4895	1	0

续表

变量名称		定义	平均值	标准差	最大值	最小值
解释变量						
学习特征	学习影响	积极影响	线上学习有积极影响为1，否为0	0.4242	0.4944	1	0
		无影响	线上学习无影响为1，否为0	0.4429	0.4970	1	0
		消极影响	线上学习有消极影响为1，否为0	0.1330	0.3397	1	0
	课堂互动		参与课堂互动为1，否为0	0.5178	0.4999	1	0
	互动满意度	满意	对课堂互动满意为1，否为0	0.4513	0.4979	1	0
		一般及不满意	对课堂互动感到一般、不满意为1，否为0	0.5487	0.4979	1	0
	有效学习时长	15分钟以下	学习时长15分钟以下为1，否为0	0.1161	0.3205	1	0
		15到20分钟	学习时长15到20分钟为1，否为0	0.6180	0.4861	1	0
		30分钟以上	学习时长30分钟以上为1，否为0	0.2659	0.4420	1	0
	课堂投入	较为投入及以上	课堂中较为投入及以上为1，否为0	0.8043	0.3969	1	0
		无法投入	课堂中不太投入及无法投入为1，否为0	0.1957	0.3969	1	0
	课堂理解	一半及以上	课堂内容理解一半及以上为1，否为0	0.9307	0.2541	1	0
		小部分及以下	课堂内容理解小部分及以下为1，否为0	0.0693	0.2541	1	0

续表

变量名称			定义	平均值	标准差	最大值	最小值
			解释变量				
学习特征	学习效率	提升	学习效率提升为1，否为0	0.4148	0.4929	1	0
		无变化	学习效率无变化为1，否为0	0.4579	0.4985	1	0
		下降	学习效率下降为1，否为0	0.1273	0.3335	1	0

第二节　模型构建

一、理论基础

后现代教育理论兴起于20世纪五六十年代，在80年代初期初步形成体系，流派众多，但统一具有明确的指向性，主要针对现代教育理论存在的绝对理性问题和忽略人的主观能动性弊端。特别强调了在教育中反对理性至上，应当以随机的、多元的思维，运用非极端理性的视角构建新的教育认识。该理论认为，教育组织的形式和方式，甚至性质都是多样性的，那么针对教育的管理方式也应是多样性的，教育的根本应是广义上的正义和平等，而非绝对的输出效率。主要包含三个方面。其一，在教育开展的过程中，要以人为本，基于人文发展开展教育活动，一切以为人的更好发展而服务，实施教育管理。其二，用发展的眼光看待教育管理，用随时变化的眼光看待教育领域新生的事物，优化管理。其三，主张在管理过程中积极合理运用对话解决矛盾，让教育主体都可以得到自由、平等地对待，以达到充分刺激教育主体主观能动性，解放主体在教育和学习中的原生创造力的目的。本研究将后现代管理理论与当下日新月异的教育领域有机结合起来，重新审视教育的内涵、结构、载体、传播方式等发生的重要变化，分析大规模线上教学质量保障管理中出现的问题，并给出相应的启示。

二、模型构建

（一）二值选择模型

本研究中学生在线学习效果是否有所提高为二分类的因变量，因此本书为考察各因素对学生在线学习效果的影响，建立如下二元 Probit 模型：

$$achie_i = \alpha_0 + \alpha_1 X_i + \alpha_2 Z_i + \alpha_3 W_i + \varepsilon_i \qquad (4.1)$$

式（4.1）中，因变量 $achie_i$ 是表示学生学习效果是否提高的二元变量；i 为样本学生编号；X_i 表示个人特征变量，包括性别、年龄、专业；Z_i 表示学校特征变量，包括学校水平、学校性质、学校类型、学校所在城市以及学校的硕博点情况；W_i 表示在线学习特征变量，包括学习频率、课堂回放、学习积极性、课堂互动、学习效率、学习效果、学习时间以及学习状态；ε_i 为随机扰动项。

（二）有序 Probit 模型

为了进一步研究各因素对学生在线学习效果的影响，本书将学生在线学习互动满意度作为有序多元因变量，采用 Ordered Probit 模型进行参数估计，实证模型设定如下：

$$achievement_i = \varphi + \theta_1 X_i + \theta_2 Z_i + \theta_3 W_i + u_i \quad (4.2)$$

式（4.2）中，因变量 $achievement_i$ 为学生进行在线学习的愿意程度，i 为样本学生编号，X_i 表示个人特征变量，Z_i 表示学校特征变量，W_i 表示学习行为特征变量，u_i 为随机扰动项。同时，设 $a < b < c < d$ 是未知的切割点，并表示为：

$$achievement = 1，若 \; achievement < a$$
$$achievement = 2，若 \; a < achievement < b$$
$$achievement = 3，若 \; b < achievement < c$$
$$achievement = 4，若 \; c < achievement < d$$
$$achievement = 5，若 \; d < achievement \quad (4.3)$$

将随机扰动项的方差标准化为 1，用 φ 表示标准正态分布的累积分布函数，V 表示所有解释变量，这样能够得到式（4.4）。

$$P(achievement = 1 \mid V) = \varphi(C_1 - V\beta)$$

$$P(achievement = 2 \mid V) = \varphi(C_2 - V\beta) - \varphi(C_1 - V\beta)$$

$$P(achievement = 3 \mid V) = \varphi(C_3 - V\beta) - \varphi(C_2 - V\beta)$$

$$P(achievement = 4 \mid V) = \varphi(C_4 - V\beta) - \varphi(C_3 - V\beta)$$

$$P(achievement = 5 \mid V) = 1 - \varphi(C_4 - V\beta) \qquad (4.4)$$

式（4.4）中，$achievement_i$ 以 1～5 赋值，表示"非常不愿意""不愿意""一般""愿意""非常愿意"。

第三节　实证结果与分析

一、基准模型回归结果

在影响学生在线学习意愿的诸多因素中，本书选取了个人特征、学校特征和学习行为特征，逐步添加变量检验其对学生线上学习效果的影响，通过 Probit 模型进行回归，得到回归结果，如表 4－2 和表 4－3 所示。表 4－2 报告的结果显示，在加入个人特征变量（包括性别、年龄、学习专业、所在年级）和学校特征变量（包括学校水平、学校性质、所在城市以及学校硕博点情况）后，发现年龄这一个人特征变量对学生线上学习效果影响较为显著，估计系数分别为 0.2590 和 0.8225，且分别在 10% 和 1% 的统计水平上显著，年龄对线上学习效果的影响为正向影响，即相较于

18~22岁，年龄越大的学生线上学习效果越好。学校性质这一学校特征变量对学生线上学习效果影响显著，估计系数为 0.4507，且在 1% 的统计水平上显著，学校性质对线上学习效果的影响为正向影响，即相比于非公办高校的学生，公办高校的学生线上学习效果更好。在加入学习行为特征变量（学习意愿、学习频率、课堂回放、学习影响、课堂互动、互动满意度、有效学习时长、课堂投入、课堂理解、学习效率）后，发现学习行为特征对学生线上学习效果的影响非常显著。

表 4-2　　　　线上学习效果影响因素的 Probit 回归结果

（个人特征、学校特征）

	变量名称		回归系数	标准差	Z	P
个人特征	性别		0.0245	0.0816	0.3000	0.7640
	年龄（对照组：18~22岁）	22~25岁	0.2590*	0.1508	1.7200	0.0860
		25~30岁	0.8225***	0.2197	3.7400	0.0000
	学习专业（对照组：自然科学专业）	人文社科专业	−0.0932	0.1261	−0.7400	0.4600
		其他专业	−0.0087	0.1393	−0.0600	0.9500
	所在年级（对照组：大一）	大二	−0.1505	0.1232	−1.2200	0.2220
		大三	−0.1185	0.1352	−0.8800	0.3810
		大四	−0.0647	0.1537	−0.4200	0.6740
		研究生	−0.1537	0.2016	−0.7600	0.4460

续表

变量名称		回归系数	标准差	Z	P
学校水平（对照组：985 或 211 高校）	一般本科院校	-0.0734	0.2825	-0.2600	0.7950
	大专院校	0.0806	0.3198	0.2500	0.8010
学校性质		0.4507 ***	0.1483	3.0400	0.0020
所在城市		-0.0640	0.1156	-0.5500	0.5800
学校硕、博点（对照组：没有硕、博点）	仅有硕士点	-0.0230	0.1034	-0.2200	0.8240
	硕、博点均有	0.1199	0.1213	0.9900	0.3230
常数项		-0.5287	0.3666	-1.4400	0.1490

注：* 、** 、*** 分别表示在 10%、5% 和 1% 的统计水平上显著。

　　表 4-3 的报告结果显示学习频率一般的估计系数为 -0.3233，系数值为负，且在 5% 的统计水平上显著，说明学习频率一般对线上学习效果具有抑制阻碍作用，相较于学习频率频繁，学习频率越一般，线上学习效果越不理想，也就是说学习频率越高，线上学习效果越好。课堂回放方面，偶尔或从不进行课堂回放的估计系数为 -0.2718，系数值为负，且在 5% 的统计水平上显著，说明偶尔或从不进行课堂回放对线上学习效果具有抑制阻碍作用，进行课堂回放的频率越低，线上学习效果就越差。线上学习影响方面，无影响和消极影响的估计系数分别为 -0.4981 和 -0.8569，系数值均为负，且都在 1% 的统计水平上显著，说明线上学习无影响和消极影响对线上学习效果具有抑制阻碍作用，线上学习影响越差，线上学习效果就越差。互动满意度方面，一般及不满意的估计系数为 -0.2773，系数值为负，且

在5%的统计水平上显著，说明互动满意度一般及不满意对线上学习效果有抑制阻碍作用，课堂互动满意度越高，线上学习效果也就越好。学习效率方面，学习效率无变化和下降的估计系数分别为 -1.9480 和 -2.3569，系数值均为负，且都在1%的统计水平上显著，说明学习效率无变化和下降对线上学习效果有抑制阻碍作用，学习效率越高，线上学习效果也就越好。

表4-3　　　　　线上学习效果影响因素的 Probit 回归结果

变量名称		回归系数	标准差	Z	P
个人特征	性别	0.0308	0.1177	0.2600	0.7940
	年龄（对照组：18~22岁）　22~25岁	0.1188	0.2081	0.5700	0.5680
	25~30岁	0.2990	0.3032	0.9900	0.3240
	学习专业（对照组：自然科学专业）　人文社科专业	-0.0106	0.1808	-0.0600	0.9530
	其他专业	0.1241	0.2001	0.6200	0.5350
	所在年级（对照组：大一）　大二	-0.1073	0.1758	-0.6100	0.5420
	大三	0.0278	0.1944	0.1400	0.8860
	大四	-0.0795	0.2215	-0.3600	0.7190
	研究生	0.0720	0.2782	0.2600	0.7960
学校特征	学校水平（对照组：985或211高校）　一般本科院校	0.5415	0.3538	1.5300	0.1260
	大专院校	0.5811	0.4111	1.4100	0.1580
	学校性质	0.2005	0.2002	1.0000	0.3170
	所在城市	-0.3200**	0.1612	-1.9900	0.0470
	学校硕、博点（对照组：没有硕、博点）　仅有硕士点	-0.0382	0.1444	-0.2600	0.7910
	硕、博点均有	0.0470	0.1693	0.2800	0.7810

续表

变量名称		回归系数	标准差	Z	P
学习意愿（对照组：愿意）	一般	0.0283	0.1302	0.2200	0.8280
	不愿意	0.1590	0.2664	0.6000	0.5510
学习频率（对照组：频繁）	一般	− 0.3233 **	0.1307	− 2.4700	0.0130
	不频繁	− 0.1560	0.2040	− 0.7600	0.4440
课堂回放（对照组：经常、有时）	偶尔、从不	− 0.2718 **	0.1233	− 2.2000	0.0280
学习影响（对照组：积极影响）	无影响	− 0.4981 ***	0.1248	− 3.9900	0.0000
	消极影响	− 0.8569 ***	0.2437	− 3.5200	0.0000
课堂互动		− 0.0194	0.1201	− 0.1600	0.8720
互动满意度（对照组：满意）	一般及不满意	− 0.2773 **	0.1295	− 2.1400	0.0320
有效学习时长（对照组：15 分钟以下）	15 ~ 20 分钟	− 0.3279 *	0.1872	− 1.7500	0.0800
	30 分钟以上	− 0.0760	0.2060	− 0.3700	0.7120
课堂投入（对照组：较为投入及以上）	无法投入	− 0.0425	0.1886	− 0.2300	0.8220
课堂理解（对照组：一半及以上）	一小部分及以下	− 0.3990	0.3349	− 1.1900	0.2330
学习效率（对照组：提升）	无变化	− 1.9480 ***	0.1241	− 15.7000	0.0000
	下降	− 2.3569 ***	0.2740	− 8.6000	0.0000
常数项		1.1022 **	0.5256	2.1000	0.0360

注：* 、** 、*** 分别表示在10% 、5% 和1% 的统计水平上显著。

　　学校特征中，学校所在城市对线上学习效果起到显著的抑制作用，导致这一结果的可能原因有城市的经济发展水平不同，当地对教育的重视程度不够，能够支配的资源十分有限等。省会城市的经济发展水平相对较好，能够分配安排的资源总数也较为充足，那么在教育资源方面能够提供的资源也相对较好。无论是学校还是城市在线教育教学的发展上，在硬件条件和师资力量上可能会有一定的优势，从而增加了影响线上学习效果的可能性。

本书选取了另一个与学习成绩相似的被解释变量——学生对线上学习成绩的满意度，进行回归，并做进一步的分析，以作为补充。运用 Oprobit 模型进行回归，得到回归结果，如表4-4和表4-5所示。表4-4的结果显示，学校性质的估计系数为-0.3228，系数值为负，且在1%的统计水平上显著，说明学校性质对学生线上学习成绩满意度具有负向作用，说明相比于公办学校的学生，民办学校的学生对于线上学习成绩的满意度更高，民办学校的学生更加倾向进行线上学习。出现这一结果可能是，相比于公办学校，民办学校的师资力量和硬件设施不能满足学生进行学习所需的条件，尤其是学习资源方面，学生更倾向于线上学习，能够有更大的空间和范围吸收学习知识。学校硕博点情况为仅有硕士点的估计系数为0.1514，系数值为正，且在10%的统计水平上显著，说明学校有硕士点对线上学习效果起正向促进作用。产生这一情况的原因可能有，相较于硕博点都没有的学校来说，有硕士点的学校的学术水平和学习氛围较为浓烈，学校也会更加重视学生学习能力的培养，在线上学习过程中会更加注意，这也就导致了学生线上学习效果更好。

　　表 4 − 5 的结果显示，学习效率下降的估计系数为0.8478，系数值为正，且在 1% 的统计水平上显著，说明线上学习效率下降对线上学习成绩满意度有负向作用，学习效率越低，学习效果越差。导致这一现象的原因可能是，学生不适应线上学习的方式，导致线上学习效率有所下降，学习成绩也随之下降，进而对线上学习成绩的满意度下降。线上学习消极影响和互动满意度中的一般及不满意的估计系数分别为 0.4991 和 0.6696，且两者都在 1% 的统计水平上显著，说明互动满意度一般及不满意对线上学习效果有负向作用，互动满意度越高，线上学习效果越好，进一步说明学生对于线上学习的方式是不太适应的，从而对线上学习的影响和线上课堂互动满意度都表现得不满意。造成这一现象的可能原因有教师对于线上课堂的设计和线上学习平台的互动板块仍然存在一定的问题，需要不断改善。

表 4 − 4　　线上学习成绩满意度影响因素的 Oprobit 回归结果

（个人特征、学校特征）

变量名称		回归系数	标准差	Z	P
个人特征	性别	− 0.0819	0.0693	− 1.1800	0.2370
	年龄（对照组：18 ~ 22 岁）　22 ~ 25 岁	− 0.0713	0.1261	− 0.5700	0.5720
	25 ~ 30 岁	− 0.1438	0.1817	− 0.7900	0.4290
	学习专业（对照组：自然科学专业）　人文社科专业	− 0.0303	0.1083	− 0.2800	0.7790
	其他专业	− 0.0336	0.1195	− 0.2800	0.7780

续表

变量名称			回归系数	标准差	Z	P
个人特征	所在年级（对照组：大一）	大二	0.1301	0.1055	1.2300	0.2180
		大三	0.0002	0.1151	0.0000	0.9990
		大四	0.1035	0.1308	0.7900	0.4290
		研究生	− 0.1531	0.1700	− 0.9000	0.3680
学校特征	学校水平（对照组：985 或 211 高校）	一般本科院校	0.2240	0.2414	0.9300	0.3530
		大专院校	0.0514	0.2721	0.1900	0.8500
	学校性质		− 0.3228 ***	0.1208	− 2.6700	0.0080
	所在城市		0.0490	0.0967	0.5100	0.6120
	学校硕、博点（对照组：没有硕、博点）	仅有硕士点	0.1514 *	0.0874	1.7300	0.0830
		硕、博点均有	− 0.0524	0.1028	− 0.5100	0.6110

注：＊、＊＊、＊＊＊分别表示在10%、5%和1%的统计水平上显著。

表 4 – 5　　线上学习成绩满意度影响因素的 Oprobit 回归结果

变量名称			回归系数	标准差	Z	P
个人特征	性别		− 0.1269 *	0.0755	− 1.6800	0.0930
	年龄（对照组：18 ~ 22 岁）	22 ~ 25 岁	0.1603	0.1357	1.1800	0.2380
		25 ~ 30 岁	0.3972 **	0.1935	2.0500	0.0400
	学习专业（对照组：自然科学专业）	人文社科专业	− 0.0951	0.1169	− 0.8100	0.4160
		其他专业	− 0.0615	0.1287	− 0.4800	0.6330
	所在年级（对照组：大一）	大二	0.0928	0.1147	0.8100	0.4190
		大三	− 0.0509	0.1249	− 0.4100	0.6840
		大四	0.1787	0.1420	1.2600	0.2080
		研究生	− 0.4028 **	0.1823	− 2.2100	0.0270

续表

变量名称		回归系数	标准差	Z	P
学校特征					
学校水平（对照组：985 或 211 高校）	一般本科院校	0.0774	0.2583	0.3000	0.7640
	大专院校	− 0.0952	0.2906	− 0.3300	0.7430
学校性质		− 0.2125	0.1293	− 1.6400	0.1000
所在城市		0.0840	0.1039	0.8100	0.4190
学校硕、博点（对照组：没有硕、博点）	仅有硕士点	0.2057 **	0.0943	2.1800	0.0290
	硕、博点均有	0.1153	0.1107	1.0400	0.2980
学习特征					
学习意愿（对照组：愿意）	一般	0.3561 ***	0.0883	4.0300	0.0000
	不愿意	1.0992 ***	0.1655	6.6400	0.0000
学习频率（对照组：频繁）	一般	0.1746 **	0.0869	2.0100	0.0450
	不频繁	0.3378 **	0.1324	2.5500	0.0110
课堂回放（对照组：经常、有时）	偶尔、从不	0.0492	0.0810	0.6100	0.5440
学习影响（对照组：积极影响）	无影响	0.1256	0.0916	1.3700	0.1710
	消极影响	0.4991 ***	0.1488	3.3500	0.0010
课堂互动		− 0.1201	0.0799	− 1.5000	0.1330
互动满意度（对照组：满意）	一般及不满意	0.6696 ***	0.0918	7.3000	0.0000
有效学习时长（对照组：15 分钟以下）	15 ~ 20 分钟	0.0051	0.1204	0.0400	0.9660
	30 分钟以上	− 0.0583	0.1335	− 0.4400	0.6620
课堂投入（对照组：较为投入及以上）	无法投入	0.2005 *	0.1168	1.7200	0.0860
课堂理解（对照组：一半及以上）	一小部分及以下	0.1969	0.1592	1.2400	0.2160
学习效率（对照组：提升）	无变化	0.6791 ***	0.0952	7.1300	0.0000
	下降	0.8478 ***	0.1517	5.5900	0.0000

注：*、**、*** 分别表示在 10%、5% 和 1% 的统计水平上显著。

二、稳健性检验

为了缓解线上学习效果影响因素的偏差问题，本书通过更换模型的方法对之前的回归模型进行再检验。表 4-6 是更换为 Logit 模型之后的回归结果。模型（1）所报告的结果显示，在个人特征中，25～30 岁年龄组对线上学习效果的估计系数为 1.3283，且在 1% 的统计水平上显著，说明 25～30 岁年龄组对线上学习效果具有正向促进作用，正向促进作用的结果跟基准回归的结果一致。在学校特征中，学校性质对线上学习效果的估计系数为 0.7377，且在 1% 的统计水平上显著，说明学校性质对线上学习效果具有正向促进作用，结果与基准回归结果一致。

表 4-6　　　　线上学习效果影响因素的 Logit 回归结果

变量名称		模型（1）		模型（2）	
		回归系数	标准差	回归系数	标准差
性别		0.0245	0.0816	0.0798	0.2186
年龄（对照组：18～22 岁）	22～25 岁	0.2590 *	0.1508	0.2390	0.3971
	25～30 岁	1.3283 ***	0.3590	0.5904	0.5826
学习专业（对照组：自然科学专业）	人文社科专业	-0.1457	0.2052	-0.0173	0.3372
	其他专业	-0.0074	0.2265	0.2308	0.3679
所在年级（对照组：大一）	大二	-0.2418	0.1984	-0.2053	0.3278
	大三	-0.1936	0.2184	0.0927	0.3620
	大四	-0.1054	0.2493	-0.1624	0.4119
	研究生	-0.2460	0.3264	0.1613	0.5358

（个人特征）

续表

变量名称		模型（1）		模型（2）	
		回归系数	标准差	回归系数	标准差
学校特征	学校水平（对照组：985 或 211 高校） 一般本科院校	-0.1296	0.4608	0.9611	0.6712
	大专院校	0.1186	0.5198	1.0356	0.7824
	学校性质	0.7377 ***	0.2463	0.3491	0.3665
	所在城市	-0.1036	0.1886	-0.5924 *	0.3032
	学校硕、博点（对照组：没有硕、博点） 仅有硕士点	-0.0338	0.1675	-0.1223	0.2680
	硕、博点均有	0.1989	0.1955	0.0647	0.3165
学习特征	学习意愿（对照组：愿意） 一般			0.0525	0.2413
	不愿意			0.3693	0.4912
	学习频率（对照组：频繁） 一般			-0.6273 **	0.2460
	不频繁			-0.2878	0.3851
	课堂回放（对照组：经常、有时） 偶尔、从不			-0.4605 **	0.2292
	学习影响（对照组：积极影响） 无影响			-0.9118 ***	0.2269
	消极影响			-1.7861 ***	0.4864
	课堂互动			-0.0329	0.2241
	互动满意度（对照组：满意） 一般及不满意			-0.5043 **	0.2378
	有效学习时长（对照组：15 分钟以下） 15~20 分钟			-0.5554	0.3456
	30 分钟以上			-0.0464	0.3792
	课堂投入（对照组：较为投入及以上） 无法投入			-0.0892	0.3656
	课堂理解（对照组：一半及以上） 小部分及以下			-0.6469	0.6293
	学习效率（对照组：提升） 无变化			-3.3572 ***	0.2278
	下降			-4.1815 ***	0.5655
常数项		-0.8570	0.5985	1.9136 *	0.9811

注：*、**、*** 分别表示在 10%、5% 和 1% 的统计水平上显著。

模型（2）所报告的结果显示，在学校特征中，学校所在城市的估计系数为 - 0.5924，系数值为负，且在 10% 的统计水平上显著，说明学校所在城市对线上学习效果具有抑制作用，结果与基准回归结果一致。在学习行为特征中，学习频率一般的估计系数为 - 0.6273，系数值为负，且在 5% 的统计水平上显著，说明学习频率一般对线上学习效果具有抑制作用，结果与基准回归结果一致；课堂回放偶尔、从不的估计系数为 - 0.4605，系数值为负，且在 5% 的统计水平上显著，说明偶尔、从不观看课堂回放对线上学习效果具有抑制作用，结果与基准回归结果一致；线上学习对学习无影响和消极影响的估计系数分别为 - 0.9118 和 - 1.7861，且都在 1% 的统计水平上显著，说明问卷对象认为线上学习对学习无影响和消极影响对线上学习效果都具有抑制作用，结果与基准回归结果一致；课堂互动满意度一般及不满意的估计系数为 - 0.5043，系数值为负，且在 5% 的统计水平上显著，说明课堂互动满意度一般及不满意对线上学习效果具有抑制作用，结果与基准回归结果一致；线上学习效率无变化和下降的估计系数分别为 - 3.3572 和 - 4.1815，且都在 1% 的统计水平上显著，说明线上学习效率无变化和下降对线上学习效果具有抑制作用，结果与基准回归结果一致，具有较强的稳健性。

为了缓解线上学习效果影响因素的偏差问题，本章更换 OLS 模型的方法对之前的回归模型进行再检验，如表 4 - 7

所示。模型（1）所报告的结果显示，在个人特征中，25～30 岁年龄组对线上学习效果的估计系数为 0.3125，且在 1% 的统计水平上显著，说明 25～30 岁年龄组对线上学习效果具有正向促进作用，正向促进作用的结果跟基准回归的结果一致。在学校特征中，学校性质对线上学习效果的估计系数为 0.1584，且在 1% 的统计水平上显著，说明学校性质对线上学习效果具有正向促进作用，结果与基准回归结果一致。模型（2）所报告的结果显示，在学校特征中，学校所在城市的估计系数为 -0.0568，系数值为负，且在 5% 的统计水平上显著，说明学校所在城市对线上学习效果具有抑制作用，结果与基准回归结果一致。在学习行为特征中，学习频率一般的估计系数为 -0.0635，系数值为负，且在 1% 的统计水平上显著，说明学习频率一般对线上学习效果具有抑制作用，结果与基准回归结果一致；课堂回放偶尔、从不的估计系数为 -0.0448，系数值为负，且在 5% 的统计水平上显著，说明偶尔、从不观看课堂回放对线上学习效果具有抑制作用，结果与基准回归结果一致；线上学习对学习的无影响和消极影响的估计系数分别为 -0.1185 和 -0.1567，且都在 1% 的统计水平上显著，说明问卷对象认为线上学习对学习无影响和消极影响对线上学习效果都具有抑制作用，结果与基准回归结果一致；课堂互动满意度一般及不满意的估计系数为 -0.0563，系数值为负，且在 5% 的统计水平上显著，说明课堂互动满意度一般及不满意对线上学习效果具有抑制作用，结果与基准回归结果一致；线上学习效率无变化和下降的估计系数分别为 - 0.6225 和 - 0.6474，且都在 1% 的统计水平上显著，结果与基准回归结果一致，具有较强的稳健性。

表 4 - 7　　　　线上学习效果影响因素的 OLS 回归结果

变量名称		模型（1）		模型（2）	
		回归系数	标准差	回归系数	标准差
个人特征	性别	0.0092	0.0308	0.0044	0.0200
	年龄（对照组：18~22岁）　22~25岁	0.0949 *	0.0563	0.0271	0.0363
	25~30岁	0.3125 ***	0.0813	0.0646	0.0525
	学习专业（对照组：自然科学专业）　人文社科专业	- 0.0340	0.0482	- 0.0021	0.0312
	其他专业	- 0.0026	0.0530	0.0210	0.0342
	所在年级（对照组：大一）　大二	- 0.0582	0.0468	- 0.0200	0.0303
	大三	- 0.0458	0.0512	0.0148	0.0331
	大四	- 0.0247	0.0581	- 0.0107	0.0376
	研究生	- 0.0553	0.0759	0.0114	0.0488
学校特征	学校水平（对照组：985或211高校）　一般本科院校	- 0.0293	0.1091	0.1059	0.0702
	大专院校	0.0256	0.1226	0.1115	0.0787
	学校性质	0.1584 ***	0.0538	0.0400	0.0347
	所在城市	- 0.0240	0.0432	- 0.0568 **	0.0279
	学校硕、博点（对照组：没有硕、博点）　仅有硕士点	- 0.0086	0.0388	- 0.0039	0.0249
	硕、博点均有	0.0455	0.0458	0.0030	0.0295
学习特征	学习意愿（对照组：愿意）　一般			0.0092	0.0233
	不愿意			0.0253	0.0428
	学习频率（对照组：频繁）　一般			- 0.0635 ***	0.0234
	不频繁			- 0.0334	0.0353

续表

变量名称			模型（1）		模型（2）	
			回归系数	标准差	回归系数	标准差
学习特征	课堂回放（对照组：经常、有时）	偶尔、从不			− 0.0448 **	0.0214
	学习影响（对照组：积极影响）	无影响			− 0.1185 ***	0.0244
		消极影响			− 0.1567 ***	0.0390
	课堂互动				− 0.0006	0.0212
	互动满意度（对照组：满意）	一般及不满意			− 0.0563 **	0.0241
	有效学习时长（对照组：15 分钟以下）	15 ~ 20 分钟			− 0.0431	0.0320
		30 分钟以上			0.0072	0.0355
	课堂投入（对照组：较为投入及以上）	无法投入			− 0.0010	0.0302
	课堂理解（对照组：一半及以上）	小部分及以下			− 0.0284	0.0417
	学习效率（对照组：提升）	无变化			− 0.6225 ***	0.0251
		下降			− 0.6474 ***	0.0395
常数项			0.3101 **	0.1397	0.8140 ***	0.0963

注：* 、** 、*** 分别表示在 10%、5% 和 1% 的统计水平上显著。

为了检验表 4 - 4 和表 4 - 5 中学生线上学习成绩满意度的结果是否稳健，本书运用 Ologit 进行回归，得到回归结果，如表 4 - 8 所示，OLS 模型的回归结果如表 4 - 9 所示。两表中模型（1）的结果均显示，有硕士点相较于硕、博点都没有来说，对学生线上学习成绩满意度有正向促进作用，而学校性质对学生线上学习成绩满意度具有负向作用。模型（2）的结果均显示，学习频率、学习影响、互动满意度、学习投入以及学习效率均对学生线上学习成绩满意度存在正向的促进作用。学习效率下降的估计系数分别为 -1.5994 和 -0.4601，且都在 1% 的统计水平上显著，相较于学习效率提升，学习效率下降对于线上学习成绩满意度有负向抑制作用。

表 4 - 8　　线上学习成绩满意度影响因素的 Ologit 回归结果

变量名称		模型（1）		模型（2）	
		回归系数	标准差	回归系数	标准差
个人特征	性别	-0.1449	0.1219	-0.2610*	0.1350
	年龄（对照组：18~22岁）　22~25岁	-0.1555	0.2166	0.2215	0.2437
	25~30岁	-0.2960	0.3052	0.7254**	0.3447
	学习专业（对照组：自然科学专业）　人文社科专业	-0.0931	0.1902	-0.1837	0.2102
	其他专业	-0.1166	0.2143	-0.1591	0.2361
	所在年级（对照组：大一）　大二	0.2446	0.1869	0.0469	0.2082
	大三	-0.0168	0.2055	-0.1913	0.2272
	大四	0.1413	0.2329	0.2211	0.2591
	研究生	-0.2788	0.2919	-0.7142**	0.3295
学校特征	学校水平（对照组：985或211高校）　一般本科院校	0.4624	0.3990	0.1357	0.4465
	大专院校	0.1577	0.4588	-0.0780	0.5127
	学校性质	-0.5516**	0.2196	-0.3587	0.2419
	所在城市	0.0479	0.1706	0.1767	0.1899
	学校硕、博点（对照组：没有硕、博点）　仅有硕士点	0.2745*	0.1541	0.3515**	0.1699
	硕、博点均有	-0.0922	0.1812	0.1224	0.2016

续表

变量名称			模型（1）		模型（2）	
			回归系数	标准差	回归系数	标准差
学习特征	学习意愿（对照组：愿意）	一般			0.7210 ***	0.1619
		不愿意			2.2369 ***	0.3122
	学习频率（对照组：频繁）	一般			− 0.3645 **	0.1544
		不频繁			− 0.7041 ***	0.2399
	课堂回放（对照组：经常、有时）	偶尔、从不			− 0.0980	0.1451
	学习影响（对照组：积极影响）	无影响			− 0.2577	0.1633
		消极影响			− 0.8991 ***	0.2848
	课堂互动		− 0.2114	0.1428		
	互动满意度（对照组：满意）	一般及不满意			− 1.2918 ***	0.1647
	有效学习时长（对照组：15分钟以下）	15 ~ 20 分钟			0.1163	0.2244
		30 分钟以上			0.0164	0.2467
	课堂投入（对照组：较为投入及以上）	无法投入			− 0.4652 **	0.0302
	课堂理解（对照组：一半及以上）	小部分及以下			− 0.5157 *	0.0417
	学习效率（对照组：提升）	无变化			− 1.1721 ***	0.0251
		下降			− 1.5994 ***	0.0395

注：* 、** 、*** 分别表示在10%、5%和1%的统计水平上显著。

表4－9　　　线上学习成绩满意度影响因素的OLS回归结果

变量名称		模型（1）		模型（2）	
		回归系数	标准差	回归系数	标准差
个人特征	性别	－ 0.0602	0.0538	－ 0.0694	0.0422
	年龄（对照组：18～22岁）　22～25岁	－ 0.0543	0.0983	0.0700	0.0764
	25～30岁	－ 0.1064	0.1419	0.2219 **	0.1106
	学习专业（对照组：自然科学专业）　人文社科专业	－ 0.0203	0.0841	－ 0.0458	0.0657
	其他专业	－ 0.0210	0.0926	－ 0.0366	0.0720
	所在年级（对照组：大一）　大二	0.0957	0.0817	0.0502	0.0639
	大三	0.0028	0.0894	－ 0.0306	0.0699
	大四	0.0839	0.1014	0.1050	0.0792
	研究生	－ 0.1148	0.1324	－ 0.2081 **	0.1029
学校特征	学校水平（对照组：985或211高校）　一般本科院校	0.1626	0.1904	0.0636	0.1481
	大专院校	0.0289	0.2139	－ 0.0318	0.1659
	学校性质	－ 0.2564 ***	0.0938	－ 0.1295 *	0.0732
	所在城市	0.0341	0.0753	0.0392	0.0588
	学校硕、博点（对照组：没有硕、博点）　仅有硕士点	0.1120 *	0.0677	0.1029 *	0.0525
	硕、博点均有	－ 0.0358	0.0799	0.0597	0.0622
学习特征	学习意愿（对照组：愿意）　一般			－ 0.1784 ***	0.0490
	不愿意			－ 0.6140 ***	0.0903
	学习频率（对照组：频繁）　一般			－ 0.1086 **	0.0493
	不频繁			－ 0.2115 ***	0.0745
	课堂回放（对照组：经常、有时）　偶尔、从不			0.0248	0.0452
	学习影响（对照组：积极影响）　无影响			0.0644	0.0514
	消极影响			－ 0.2765 ***	0.0823
	课堂互动			－ 0.0621	0.0448
	互动满意度（对照组：满意）　一般及不满意			－ 0.3720 ***	0.0509

续表

变量名称		模型（1）		模型（2）	
		回归系数	标准差	回归系数	标准差
学习特征 有效学习时长（对照组：15分钟以下）	15 ~ 20 分钟			− 0.0203	0.0675
	30 分钟以上			− 0.0591	0.0749
课堂投入（对照组：较为投入及以上）	无法投入			0.0826	0.0636
课堂理解（对照组：一半及以上）	小部分及以下			0.1444	0.0879
学习效率（对照组：提升）	无变化			− 0.3732 ***	0.0528
	下降			− 0.4601 ***	0.0834
常数项		2.6370 ***	0.2438	1.9344 ***	0.2030

注：*、**、*** 分别表示在10%、5%和1%的统计水平上显著。

三、异质性分析

（一）不同学校所在城市异质性

个体特点、学习环境和学习行为特点对学生的学习成绩有一定的影响。调查对象为多所高校，其所处城市也有差异。各个城市的经济发展水平不同，教育资源也同样有所不同，一定程度上影响学生线上学习的学习效果。本书立足于现实存在的城市差异问题，将学校所在城市分为省会城市（包含自治区首府）和非省会城市，探究不同学校所在城市对学生线上学习效果影响的异质性，见表4-10。通过回归分析可以看出，在学校所在城市为非省会城市时，一般本科院校和大专院校的估计系数分别为 1.4945 和 1.5046，且都在 5% 的统计水平上显著，两者对线上学习效果具有正向推动作用。当学校所在城市为省会城市时，学习专业为人文社科专业和其他专业的估计系数分别为 - 1.6603 和 - 1.8599，系数值为负，且都在 5% 的统计水平上显著，两者对线上学习效果具有负向抑制作用。

表 4 - 10 　　　线上学习效果影响因素的异质性分析（学校所在城市）

变量名称		模型（1）		模型（2）	
		回归系数	标准差	回归系数	标准差
个人特征	性别	0.0204	0.1337	0.2423	0.3349
	年龄（对照组：18 ~ 22 岁）　22 ~ 25 岁	0.1732	0.2653	0.1791	0.4860
	25 ~ 30 岁	0.4052	0.3551	0.7425	1.3710
	学习专业（对照组：自然科学专业）　人文社科专业	0.1176	0.1999	- 1.6603 **	0.7317
	其他专业	0.3069	0.2271	- 1.8599 **	0.7886
	所在年级（对照组：大一）　大二	- 0.1367	0.1849	0.1305	0.9222
	大三	0.1110	0.2214	0.2064	0.6774
	大四	- 0.0442	0.2431	0.4772	0.8821
	研究生	- 0.0885	0.3328	1.1491	0.8204
学校特征	学校水平（对照组：985 或 211 高校）　一般本科院校	1.4945 **	0.5987	0.9003	0.7774
	大专院校	1.5046 **	0.6384	1.1660	1.0177
	学校性质	0.1228	0.2486	0.6701	0.7491
	学校硕、博点（对照组：没有硕、博点）　仅有硕士点	0.0787	0.1613	- 0.7143	0.5209
	硕、博点均有	0.1573	0.2006	- 0.3357	0.5554

续表

变量名称		模型（1）		模型（2）	
		回归系数	标准差	回归系数	标准差
学习意愿（对照组：愿意）	一般	− 0.0172	0.1480	0.4139	0.3543
	不愿意	0.0403	0.3033	0.8767	0.7946
学习频率（对照组：频繁）	一般	− 0.1628	0.1493	− 1.2893 ***	0.4079
	不频繁	− 0.1040	0.2323	− 0.1010	0.6427
课堂回放（对照组：经常、有时）	偶尔、从不	− 0.3195 **	0.1415	− 0.2115	0.3300
学习影响（对照组：积极影响）	无影响	− 0.3885 ***	0.1431	− 0.8776 **	0.3510
	消极影响	− 0.8075 ***	0.2748	− 1.9011 **	0.8976
课堂互动		0.0500	0.1371	− 0.4040	0.3351
互动满意度（对照组：满意）	一般及不满意	− 0.2528 *	0.1509	− 0.6914 **	0.3374
有效学习时长（对照组：15 分钟以下）	15 ~ 20 分钟	− 0.3488	0.2193	0.2441	0.6043
	30 分钟以上	− 0.1821	0.2442	1.0201	0.6341
课堂投入（对照组：较为投入及以上）	无法投入	0.0477	0.2145	− 0.3799	0.5026
课堂理解（对照组：一半及以上）	小部分及以下	− 0.2172	0.3727	− 1.5931	1.2493
学习效率（对照组：提升）	无变化	− 1.9891 ***	0.1432	− 2.4379 ***	0.4064
	下降	− 2.4808 ***	0.3176	− 2.5793 ***	0.7576
常数项		− 0.0942	0.7513	2.1266	1.5407
样本量		816		252	

注：＊、＊＊、＊＊＊分别表示在 10%、5% 和 1% 的统计水平上显著。

（二）不同学校性质异质性

学校的性质不同会影响到学生的学习效果。本章立足于现实存在的学校性质差异问题，将学校性质分为公办院校和民办院校，探究不同学校性质对学生线上学习效果影响的异质性。如表 4-11 所示，通过回归结果可以看出，当学校性质为民办学校时，仅有硕士点的估计系数为 -1.5596，系数值为负，且在 10% 的统计水平上显著，对线上学习效果有负向抑制作用。当学校性质为公办学校时，15～20 分钟学习时长组的估计系数为 -0.3754，系数值为负，且在 10% 的统计水平上显著，对线上学习效果具有负向抑制作用。

表 4-11　　线上学习效果影响因素的学校性质异质性分析

变量名称		模型（1）		模型（2）	
		回归系数	标准差	回归系数	标准差
性别		-0.9615	0.6573	0.1028	0.1265
年龄（对照组：18～22 岁）	22～25 岁	0.3725	0.6069	-0.0010	0.2542
	25～30 岁	1.9484	1.7953	0.1236	0.3328
学习专业（对照组：自然科学专业）	人文社科专业	-1.7910*	1.0608	0.0771	0.1952
	其他专业	-1.9528*	1.0822	0.3187	0.2199
所在年级（对照组：大一）	大二	-0.0660	1.8007	-0.0353	0.1820
	大三	-0.4973	1.5520	0.0939	0.2079
	大四	-1.4118	1.6513	0.0816	0.2480
	研究生	-2.5467	1.9268	0.2923	0.3090

（注：个人特征）

续表

变量名称		模型（1）		模型（2）	
		回归系数	标准差	回归系数	标准差
学校特征	学校水平（对照组：985 或 211 高校） 一般本科院校	− 0.4762	0.8223	0.5585	0.3588
	大专院校	− 0.1433	0.7226	0.5867	0.4339
	所在城市	0.0166	0.6685	− 0.2610	0.1942
	学校硕、博点（对照组：没有硕、博点） 仅有硕士点	− 1.5596 *	0.8616	0.0535	0.1617
	硕、博点均有	− 1.1629	1.6431	0.0958	0.1881
学习特征	学习意愿（对照组：愿意） 一般	0.0081	0.8077	0.0078	0.1405
	不愿意	1.3584	1.4029	0.0614	0.2910
	学习频率（对照组：频繁） 一般	− 3.0800 ***	1.0485	− 0.2438 *	0.1406
	不频繁	− 2.8523 **	1.2154	− 0.0271	0.2225
	课堂回放（对照组：经常有时） 偶尔、从不	− 0.9192	0.6071	− 0.2350 *	0.1333
	学习影响（对照组：积极影响） 无影响	− 0.5723	0.6516	− 0.5074 ***	0.1362
	消极影响	− 4.6696 **	1.8756	− 0.7250 ***	0.2617
	课堂互动	− 1.1859 *	0.6926	− 0.0113	0.1294
	互动满意度（对照组：满意） 一般及不满意	− 1.6888 **	0.8600	− 0.2621 *	0.1408
	有效学习时长（对照组：15 分钟以下） 15 ~ 20 分钟	− 0.9223	1.0503	− 0.3754 *	0.2031
	30 分钟以上	1.2807	1.2048	− 0.1745	0.2231
	课堂投入（对照组：较为投入及以上） 无法投入	− 0.7275	0.9948	− 0.1124	0.2098
	课堂理解（对照组：一半及以上） 小部分及以下	0.7357	1.3469	− 0.4308	0.3714
	学习效率（对照组：提升） 无变化	− 4.4701 ***	1.0370	− 1.9288 ***	0.1355
	下降	− 2.5364 *	1.4926	− 2.6172 ***	0.3389
常数项		9.7519 ***	3.1959	1.0069 **	0.4957
样本量		156		912	

注：*、**、***分别表示在10%、5%和1%的统计水平上显著。

（三）学习成绩满意度的不同学校所在城市异质性

学习成绩满意度是衡量网络教学成效的一项主要指标，它是学习者对网络教学的评价与感受。影响学生学业成就的因素很多，而大学所在地又是一个不可忽视的因素。学校所在城市这一因素包括地理位置、经济发展水平、教育资源等方面，这些都能对学生线上学习过程产生影响，从而导致不同学校所在城市的学生线上学习成绩满意度存在异质性。通过表4-12的回归结果发现，学生线上学习成绩满意度存在差异，其中学校所在城市为省会城市的学生对线上学习成绩的满意度高于学校所在城市为非省会城市的学生，表明省会城市的学生对线上学习的评价和感受更好，这可能与地区的经济水平和教育资源有关。

表4-12 线上学习成绩满意度影响因素的异质性分析（学校所在城市）

变量名称		模型（1）		模型（2）	
		回归系数	标准差	回归系数	标准差
性别		-0.1953 **	0.0869	0.1303	0.1691
年龄（对照组：18~22岁）	22~25岁	0.2287	0.1756	0.0155	0.2336
	25~30岁	0.5748 **	0.2232	-0.4364	0.5791
学习专业（对照组：自然科学专业）	人文社科专业	-0.1573	0.1307	0.2856	0.3302
	其他专业	-0.1669	0.1503	0.1939	0.3477
所在年级（对照组：大一）	大二	0.0363	0.1230	0.8659 *	0.4420
	大三	0.0866	0.1471	-0.2548	0.3402
	大四	0.1222	0.1622	-0.1052	0.4158
	研究生	-0.5254 **	0.2168	-0.3334	0.4615

（个人特征）

续表

变量名称		模型（1）		模型（2）	
		回归系数	标准差	回归系数	标准差
学校特征	学校水平（对照组：985 或 211 高校） 一般本科院校	0.6030	0.3741	− 0.3252	0.4165
	大专院校	0.2447	0.3979	− 0.3299	0.5115
	学校性质	− 0.1262	0.1660	− 0.5710 *	0.3378
	学校硕、博点（对照组：没有硕、博点） 仅有硕士点	0.1456	0.1080	0.5878 **	0.2696
	硕、博点均有	0.2408 *	0.1318	0.1578	0.2953
学习特征	学习意愿（对照组：愿意） 一般	0.3322 ***	0.1032	0.5350 ***	0.1850
	不愿意	1.1426 ***	0.1948	1.3326 ***	0.3660
	学习频率（对照组：频繁） 一般	0.1293	0.0994	0.4327 **	0.1953
	不频繁	0.2269	0.1532	0.6503 **	0.2869
	课堂回放（对照组：经常、有时） 偶尔、从不	0.1045	0.0948	− 0.1311	0.1779
	学习影响（对照组：积极影响） 无影响	0.1203	0.1065	0.0799	0.1948
	消极影响	0.3540 **	0.1732	1.0191 ***	0.3174
	课堂互动	− 0.1581 *	0.0930	0.0346	0.1739
	互动满意度（对照组：满意） 一般及不满意	0.7724 ***	0.1099	0.4265 **	0.1822
	有效学习时长（对照组：15 分钟以下） 15 ~ 20 分钟	− 0.0185	0.1414	0.1325	0.2745
	30 分钟以上	− 0.1164	0.1586	0.1512	0.2914
	课堂投入（对照组：较为投入及以上） 无法投入	0.2231	0.1429	0.1075	0.2185
	课堂理解（对照组：一半及以上） 小部分及以下	0.2038	0.1898	0.0955	0.3148
	学习效率（对照组：提升） 无变化	0.6314 ***	0.1117	0.9714 ***	0.2022
	下降	0.9173 ***	0.1824	0.8942 ***	0.3052

注：*、**、*** 分别表示在10%、5%和1%的统计水平上显著。

（四） 学习成绩满意度的不同学校硕、博点情况异质性

学校硕、博点情况是指学校是否设有硕士点和博士点，在一定程度上反映了学校的学术水平和学习氛围，是影响学生线上学习效果的关键因素。学校硕、博点情况较好在一定程度上可以说明学校的学术氛围和学习环境更加优质，师资力量和应变能力也可能会更强，这将有可能导致学生线上学习效果更好，进而对线上学习满意度更高。通过表4-13可以看出，硕、博点情况不同的学校学生对线上学习的成绩满意度存在差异。其中，硕、博点均有的学校学生对线上学习成绩的满意度更高，表明硕、博点均有的学校学生对线上学习成绩的评价和感受更好，这可能与学校的师资力量和学校的教育水平有关。

表4-13　线上学习成绩满意度影响因素的异质性分析（学校硕、博点）

变量名称		模型（1）	模型（2）	模型（3）
		回归系数	回归系数	回归系数
个人特征	性别	0.0342 （0.1365）	-0.1945 （0.1248）	-0.1920 （0.1634）
	年龄（对照组：18~22岁） 22~25岁	-0.0696 （0.2126）	0.5501 ** （0.2392）	0.3434 （0.3657）
	年龄（对照组：18~22岁） 25~30岁	-0.2377 （0.4059）	1.0793 *** （0.3155）	0.5554 （0.4656）

续表

变量名称			模型（1） 回归系数	模型（2） 回归系数	模型（3） 回归系数
个人特征	学习专业（对照组：自然科学专业）	人文社科专业	0.0567 （0.2381）	−0.1874 （0.1710）	0.0715 （0.2901）
		其他专业	0.0052 （0.2304）	−0.1594 （0.2267）	−0.3368 （0.3198）
	所在年级（对照组：大一）	大二	0.3200* （0.1939）	−0.0167 （0.2125）	0.0701 （0.2760）
		大三	0.3452 （0.2153）	−0.3947* （0.2320）	−0.1895 （0.3033）
		大四	0.7480*** （0.2576）	−0.2175 （0.2368）	0.2501 （0.3771）
		研究生	−0.1745 （0.4251）	−1.0698*** （0.3207）	−0.6101 （0.4074）
学校特征	学校水平（对照组：985或211高校）	一般本科院校	0.1848 （0.7131）	1.9567** （0.8989）	0.1429 （0.3278）
		大专院校	0.1430 （0.7313）	2.1104** （0.9561）	−0.5113 （0.4805）
	学校性质		0.0935 （0.2154）	0.0330 （0.2611）	−1.1400*** （0.4253）
	所在城市		0.1733 （0.2049）	0.4992** （0.2184）	−0.1644 （0.2142）
学习特征	学习意愿（对照组：愿意）	一般	0.3469** （0.1583）	0.3501** （0.1438）	0.4575** （0.1889）
		不愿意	1.3598*** （0.2965）	1.2112*** （0.2615）	1.2737*** （0.3992）

续表

变量名称		模型（1）回归系数	模型（2）回归系数	模型（3）回归系数
学习特征				
学习频率（对照组：频繁）	一般	0.1986 (0.1545)	0.1653 (0.1419)	0.3741 ** (0.1902)
	不频繁	0.6717 *** (0.2484)	0.4013 * (0.2099)	0.0594 (0.2819)
课堂回放（对照组：经常、有时）	偶尔、从不	−0.0863 (0.1405)	0.0851 (0.1333)	0.2656 (0.1797)
学习影响（对照组：积极影响）	无影响	0.0130 (0.1486)	0.2347 (0.1548)	0.2201 (0.2125)
	消极影响	0.5790 ** (0.2484)	0.5819 ** (0.2671)	0.4212 (0.3213)
课堂互动		−0.1073 (0.1419)	−0.0461 (0.1313)	−0.2090 (0.1697)
互动满意度（对照组：满意）	一般及不满意	1.0570 *** (0.1645)	0.5846 *** (0.1502)	0.4046 ** (0.1952)
有效学习时长（对照组：15 分钟以下）	15～20 分钟	0.2568 (0.2145)	−0.2159 (0.1902)	0.0853 (0.3041)
	30 分钟以上	0.1865 (0.2354)	−0.1950 (0.2158)	0.0124 (0.3124)
课堂投入（对照组：较为投入及以上）	无法投入	−0.2132 (0.2030)	0.3387 * (0.1991)	0.3628 (0.2411)
课堂理解（对照组：一半及以上）	小部分及以下	0.3781 (0.3013)	0.3452 (0.2537)	0.0017 (0.3467)
学习效率（对照组：提升）	无变化	0.6857 *** (0.1542)	0.7544 *** (0.1613)	0.7019 *** (0.2218)
	下降	1.0111 *** (0.2687)	1.1166 *** (0.2689)	0.6863 ** (0.3156)
样本量		386	437	245

注：（1）*、**、***分别表示在10%、5%和1%的统计水平上显著；（2）括号内为标准差。

第四节　本章小结

本章通过调查问卷数据，使用 Probit 和 Oprobit 回归模型，实证分析了个人特征、学校特征，以及线上学习行为特征因素对大学生在线学习效果的影响，具体分析结果总结为以下六个方面。

第一，学习频率、课堂互动满意度、课堂回放三个因素对线上学习效果具有显著作用。依据上文，可以看出，较高的学习频率、课堂互动满意度和较高频率的课堂回放对大学生线上学习效果具有明显的促进作用。学习频率越高，则表示在一定的时间段内学生线上学习的次数越多，学生拥有主动学习的好习惯。学生保持良好且有规律的学习习惯，就能够维持线上学习的连续性和稳定性，进而帮助学生线上学习效果的不断提高。课堂互动满意度越高，表示学生对线上学习的兴趣越大，对线上学习方式更加适应，对线上课堂更加满意。参与度越高，学生对知识的理解和吸收就越好，也能够从线上课堂中学习到更多，对学生线上学习效果的提高有正向促进作用，同时侧面反映了学生对线上学习教学方式的肯定。课堂回放次数越多、频率越高，学生对所学内容的了解程度越高，学习成效越佳。学习频率、课堂互动满意度、课堂回放等因素都能显著提高大学生线上学习效果，能够从多个角度帮助学生保持良好的学习习惯，激发学生线上学习兴趣，提高线上学习的学习效果。

第二，学习意愿对学生线上学习效果具有显著作用。学生在进行线上学习前需要满足的前提条件之一是学生的线上学习意愿充足，学习意愿是促进学生线上学习的重要影响因素。如果学生对线上学习的意愿本身不强烈，那么进行线上学习这一行为的可能性将大大降低。当学生在遇到重大突发事件的时候，学生只能进行线上学习的情况下，学生的线上学习也将进行不下去，学生线上学习效果也就无法保证。学习意愿这一前提条件的实现需要多种方式。从教师方面来看，进行线上课堂教学的教师需要维持线上课堂的互动性、趣味性和纪律性，尽量和同学们进行课堂互动，保持同学们的专注程度；从学生方面来看，进行课堂学习的同学也需要保证良好的学习习惯，对线上学习这一教学方式摆正态度，排除线上学习环境带来的各类干扰，提高专注度和持续性。保证这两个基本方面的实现，学生线上学习和教师线上教学才能够没有阻碍地进行下去。

第三，在线上学习期间，维持好的学习习惯是非常重要的。习惯对线上学习的效果和效率有显著的影响，上文中显示的各类因素，包括学习频率、课堂回放和课堂互动等因素都可以笼统地归类为学生学习习惯。学生在面对诸多外界因素打扰时，要依旧保持良好的学习习惯是有一定困难的。在线下教学时，教师能够进行直接管理和干预，学校也能够制定相关的规定来更好地管理，线上学习时教师和学校却难以做到直接进行管理，线上学习平台在这时候能够起到一定的约束和管理作用。网络学习平台的课程要求内容丰富，能够捕捉和涉及学生课堂的方方面面，统计成为相关数据来更好地约束和管理学生。利用科技手段辅助学生在线学习，提升在线学习的效率。

第四，学生在线学习的学习效果在不同性质的学校各不相同。公办学校学生的学习意愿、课堂互动满意度和学习效率都高于民办学校的学生，表明就读于公办学校学生的学习习惯较好，对线上学习这一方式也适应地更好。公办学校能够提供给学生的线上学习资源和线上课堂内容普遍较为丰富，公办学校的教师普遍教学经验更为丰富，师资力量更加强大，能够更好地帮助学生理解和吸收课堂知识，提高学生线上学习的专注力，帮助学生养成科学合理的习惯。根据以上的分析总结，学生的学习意愿、课堂互动满意度和学习效率都更加高，学生的学习习惯更科学合理，学校能够提供的学习资源更加的丰富，师资力量更加雄厚，这些因素能够促进学生线上学习效果不断提高。

第五，学生在线学习的学习效果在不同城市的学校有所不同。就读于学校位于省会城市的学生的学习效率和学习意愿都高于就读于非省会城市学校的学生。学校所在的城市是一个不容忽视的因素，学校所在城市这一因素包括地理位置、经济发展水平、教育资源等方面，这些都能对学生线上学习过程产生影响。学校的基础设施、教学程度、师资力量等在一定程度上都会受到所在城市的影响，学校位于省会城市的情况下，学校的各类条件，尤其是教育资源这一方面会优于学校位于非省会城市的情况。省会城市的经济发展状况在大多数情况下比较发达，这也就能够吸引更多的、更优质的人才，其中有相当一部分人才会流入位于省会城市的学校。以上的各类条件都能够帮助位于省会城市的学校学生进行更高质量的线上学习。

第六，学生在线学习的学习效果在不同硕、博点情况的学校有所不同。学校的硕、博点情况越好，这类学校的学生的线上学习效果也会越好。学校硕士点和博士点都具备的情况下，学校的师资力量这一条件是十分优越的，学习氛围和学术氛围也是非常可观的。具有这一类特点的学校能够支配的资源将会更加丰富，学生能够有更多的渠道进行学习，线上学习的覆盖面将会更加广阔。相对应地，教师的履历会更优秀，应变能力更强，学生也能够借助线上教学这一学习方式学习到更多线下课堂难以接触到的知识，学生的学习效果也会有所提高。硕、博点同时具备的学校还具有学术氛围和学习氛围更加浓厚的特点，在这一情况下，学生即使是进行线上学习，学习的氛围和追求进步的热情也是不会减退的。结合以上情况，就读于硕博点都具备的学校的学生在进行线上学习时，学习效果会更加好。

第 五 章

教师在线教育供给意愿研究

第一节 研究设计

一、描述性统计

本章的被解释变量是教师是否愿意进行在线教育供给，根据调查问卷中"您对线上教学意愿如何"进行赋值。首先，将教师在线教育供给意愿作为二值变量，若选择"非常愿意""愿意"视为愿意，赋值为1，"一般""不愿意""非常不愿意"视为不愿意，赋值为0。其次，将教师在线教育供给意愿作为连续变量进行分析，"非常不愿意"赋值为1，"不愿意"赋值为2，"一般"赋值为3，"愿意"赋值为4，"非常愿意"赋值为5。通过将教师在线教育供给作为连续变量进行分析,最大程度揭示将其作为二元变量时所掩盖的结果。选择愿意进行线上教育供给的教师占一多半,可以看出随着互联网和信息技术的逐渐普及,同时基于疫情防控期间进行线上学习的体验,有意愿进行在线教学的人数在逐渐增加。

在解释变量的选取上,本章考察了个人、教学单位以及教学特征对教师在线教育供给的影响。个人特征包括性别、年龄、教授科目类别、健康状况、收入等。在填写问卷的调查对象中,男性占37.67%,女性占62.33%;在教授的科目类别方面,18.83%的教师教授自然科学专业,73.99%的教师教授人文科学专业。通过在线教育,教师工资增加的占15.10%。教学单位特征包括教学单位水平、教学单位性质、教学单位类型、教学单位所在城市以及教学单位的硕、博点情况。

线上教学特征有学生学习积极性、课堂互动频率、学习成绩、学习效果比较、替代可能性。学生学习积极性是指学生在在线教育环境中对学习的主动性和积极性,可以用学生参与讨论、提交作业、主动提问的频率来衡量。课堂互动频率是指网络课堂中的互动频率,记录实时互动次数,例如问题回答、讨论、反馈等。学习成绩是指学生在在线课程中的学业表现,可以使用考试成绩、作业评分、课程项目完成情况等来衡量。学习效果比较是指在线教育与传统面授教育之间的效果对比,比较学生在在线教育和传统教育中的学习成绩、知识掌握程度、满意度等。替代可能性是指在线教育是否可以替代传统面授教育，可以通过学生和教师的反馈、学习成绩、学习体验等来评估。具体定义与描述如表 5 - 1 所示。

表 5 - 1　　　　　　　　描述性统计

变量名称			定义	平均值	标准差	最小值	最大值
被解释变量							
教学供给			愿为 1，不愿意为 0	2.1211	1.5907	0	5
解释变量							
个人特征		性别	男性为 1，女性为 0	0.3767	0.4856	0	1
	年龄	20～30 岁	年龄在 20～30 岁为 1，否为 0	0.0762	0.2660	0	1
		31～40 岁	年龄在 31～40 岁为 1，否为 0	0.4439	0.4980	0	1
		41～50 岁	年龄在 41～50 岁为 1，否为 0	0.3946	0.4899	0	1
		51～60 岁	年龄在 51～60 岁为 1，否为 0	0.0852	0.2798	0	1
	教授科目类别	自然科学	科目为自然科学为 1，否为 0	0.1883	0.3919	0	1
		人文社科	科目为人文科学为 1，否为 0	0.7399	0.4397	0	1
		其他科目	科目为其他科目为 1，否为 0	0.0717	0.2587	0	1
	身体健康	健康	身体状况健康为 1，否为 0	0.0762	0.2660	0	1
		一般	身体状况一般为 1，否为 0	03587	04807	0	1
		不健康	身体状况不健康为 1，否为 0	0.5650	0.4969	0	0
	收入增加程度		收入增加为 1，否为 0	0.1570	0.5675	0	1

续表

变量名称		定义	平均值	标准差	最小值	最大值
解释变量						
教学单位特征	教学单位水平	所任职教学单位是985或211为1，否为0	0.0179	0.1330	0	1
	教学单位性质	公办高校为1，否为0	0.9282	0.2587	0	1
	教学单位类型	综合性大学为1，否为0	2.5919	2.0043	0	6
	教学单位所在城市	单位在省会城市为1，否为0	0.4305	0.4963	0	1
	教学单位硕、博点 — 无硕、博点	无硕、博点为1，否为0	0.4529	0.4989	0	1
	教学单位硕、博点 — 仅有硕士点	仅有硕士点为1，否为0	0.1883	0.3919	0	1
	教学单位硕、博点 — 有硕、博点	有硕、博点为1，否为0	0.3587	0.4807	0	1
线上教学特征	学生学习积极性 — 积极影响	产生积极影响为1，否为0	0.3183	0.4669	0	1
	学生学习积极性 — 无影响	不产生影响为1，否为0	0.1973	0.3989	0	1
	学生学习积极性 — 消极影响	产生消极影响为1，否为0	0.4843	0.5009	0	1
	课堂互动频率	参与课堂互动为1，否为0	0.3812	0.8291	0	5
	学习成绩 — 提升	学习成绩提升为1，否为0	0.1973	0.3989	0	1
	学习成绩 — 无变化	学习成绩无变化为1，否为0	0.3632	0.4820	0	1
	学习成绩 — 下降	学习成绩下降为1，否为0	0.4395	0.4974	0	1
	学习效果比较 — 线上更好	线上效果更好为1，否为0	0.0762	0.2660	0	1
	学习效果比较 — 差不多	效果差不多为1，否为0	0.2018	0.4022	0	1
	学习效果比较 — 线下更好	线下效果更好为1，否为0	0.7220	0.4490	0	1

续表

变量名称		定义	平均值	标准差	最小值	最大值
解释变量						
线上教学特征	替代可能性 可以替代	可以替代为1，否为0	0.1300	0.3371	0	1
	不确定	不确定为1，否为0	0.3767	0.4856	0	1
	不能替代	不能替代为1，否为0	0.4933	0.5011	0	1

二、理论基础

供给学派建立了以"供给带动需求"为核心的经济运作机理，并以互联网为代表的新兴产业的崛起为实证，为世界各国所关注。美国、英国、德国都已经开始了对供给侧结构的改革，使得很多实际的经济问题得到了很好的解决。供给经济学的学者们没有对经济运作的确定方式进行设定，而是建立在"供给创造需求"的基础上。就是要加强经济运行的主动性，充分发挥市场的关键作用，使供求之间的有效衔接成为现实。将其应用于在线教育，就是要通过对在线教育的实际情况进行分析，排除影响我国在线教育供应积极性的因素，从而实现教育供给侧结构性变革的目的，对线上教育体制进行规划，通过变革来激发其体制的生机。从实际来看，在线教育供给侧结构性改革既有价值需求，又随着技术的逐渐成熟，具备了实施的时机。

信息技术正在从根本上改变着人们的工作、生活和学习方式。在教育方面，科技令人们的信息表达方式更加丰富，使人们的认知方式、参与方式发生了变化。信息技术在教育中所具有的多元性、机会性、可选性、易用性等特点，使教育的供给模式发生了变化，并为供给侧结构性改革的实施提供了有力的支持。从供给端发力的焦点来看，以网络教育的学习平台、资源体验与资源共享、适应学习方式变化与创新的学习空间、智能化的学习支持服务、个性化的学习路径提供为重点。例如大数据，它的研究重点是"学习分析"与"教育数据挖掘"，这两个研究方向分别是面向个性化学习与适应性学习的教育技术。而"个性化"和"适应性学习"则是面向"体验式"和"个性化"的供给。

就目前的技术发展而言，线上教学学习平台已经构建起了资源、交互和大数据评估的整合平台，但是，与学生的交际能力、情景感知能力比较，还有很大的差距，资源构建的相关技术已具备，虚拟现实情境等仍需大力支撑，学习空间正逐步演变为混合型学习空间，并与创客等构成 2.0 代学习空间。在大数据的支持下，智慧化支撑服务呈现出个性化、实时性、精准化等支撑特性，已成为新一代教育平台建设的热点。从技术发展的视角来看，技术以显著性的突破对教育进行全面变革仍有一定的现实困难，但为现有技术的推广应用和供给侧改革提供了广阔的可能。基于已有技术，探究学习资源易理解性，植入开放共享理念，催生学习需求，以技术"深度支撑"，以"数字土著"学习需要为目标，优化教学流程，创新教学模式。因此，教师在线教育的供给能够创造学生在线教育的需求，提高教师在线教育供给意愿进而提升在线教学供给，有助于增加学生在线学习的意愿。

三、模型设定

（一）二值选择模型

本研究中教师是否有意愿进行线上教学为二分类的因变量，因此本书为考察各因素对教师在线教育供给的影响，建立如下二元 Probit 模型：

$$Willingness_i = \alpha_0 + \alpha_1 PC_i + \alpha_2 SC_i + \alpha_3 LC_i + \varepsilon_i \quad (5.1)$$

式（5.1）中，因变量 $Willingness_i$ 是表示教师是否有在线教育供给意愿的二元变量；i 为样本教师编号；PC_i 表示教师个人特征变量，包括性别、年龄、专业，以及收入是否增加；SC_i 表示教学单位特征变量，包括教学单位水平、教学单位性质、教学单位类型、教学单位所在城市以及教学单位的硕、博点情况；LC_i 表示在线教学特征变量，包括学生学习积极性、课堂互动频率、学习成绩、学习效果比较、替代可能性；ε_i 为随机扰动项。

（二） 多项 Logit 模型

本研究将教师在线教育供给意愿划分为"非常不愿意""不愿意""一般""愿意"，以及"非常愿意"，是多分类变量，且各个变量之间相互独立且互斥，没有先后顺序之分，属于无序多分类变量，因而本书采取多项 Logit 模型进行回归分析。Mlogit 模型指的是被解释变量拥有 n 类别时，选取其中一个类别作为参照，其他不同类别分别与参照类别进行比较，最终生成 $(n-1)$ 非冗余的 Logit 模型。本书被解释变量教师在线教育供给意愿共有 5 个类别，选取"非常愿意"进行线上教学为参照类别，赋值为 1，"愿意""一般""不愿意"，以及"非常不愿意"分别赋值为 2、3、4、5，构建四组 Mlogit 回归模型如下：

$$Logit Willingness_2 = \alpha_2 + \beta_{11} PC_i + \beta_{12} SC_i + \beta_{13} LC_i$$

$$Logit Willingness_3 = \alpha_3 + \beta_{21} PC_i + \beta_{22} SC_i + \beta_{23} LC_i$$

$$Logit Willingness_4 = \alpha_4 + \beta_{31} PC_i + \beta_{32} SC_i + \beta_{33} LC_i$$

$$Logit Willingness_5 = \alpha_5 + \beta_{41} PC_i + \beta_{42} SC_i + \beta_{43} LC_i \quad (5.2)$$

式（5.2）中，$Logit Willingness_2$ 为愿意进行线上教学与参照类别非常愿意进行线上教学的概率比值，$Logit Willingness_3$ 为进行线上教学意愿一般与参照类别非常愿意进行线上教学的概率比值，$Logit Willingness_4$ 为不愿意进行线上教学与参照类别非常愿意进行线上教学的概率比值，$Logit Willingness_5$ 为非常不愿意进行线上教学与参照类别非常愿意进行线上教学的概率比值。

第二节　实证结果

一、基准模型回归结果

在影响教师在线教育供给意愿的因素中，本章选取了个人特征、教学单位特征，以及线上影响，逐步增加变量检验其对教师在线教育供给的影响，通过 Probit 模型进行回归，得到回归结果见表 5 - 2。在表 5 - 2 中，模型（1）仅纳入教师的个体特征，模型（2）和模型（3）在模型（1）的基础上依次加入教师教学单位特征和线上教育效果特征。Probit 模型的估计系数值表示自变量对"对数概率比"的边际影响，结果不能直接解释。为得到对实证结果的实质性解释，本章用回归系数反映各解释变量对教师供给的影响。

表 5 - 2 　　　　教学意愿影响因素的 Probit 回归结果

变量名称		模型（1）	模型（2）	模型（3）
		回归系数	回归系数	回归系数
个人特征	性别	0. 1058 (0. 573)	0. 0999 (0. 599)	0. 1553 (0. 451)
	年龄	0. 0195** (0. 124)	0. 0272** (0. 045)	0. 0206** (0. 159)

续表

变量名称		模型（1）	模型（2）	模型（3）
		回归系数	回归系数	回归系数
个人特征	教授科目类别	-0.1151 (0.532)	-0.0257 (0.897)	0.0455 (0.828)
	身体健康状况	0.1261 (0.239)	0.1433 (0.191)	0.1667 (0.148)
	收入水平	-0.2187 (0.161)	-0.2033 (0.205)	-0.1453 (0.383)
教学单位特征	教学单位水平		0.3712** (0.251)	-1.3590* (0.062)
	教学单位性质		0.3168 (0.507)	0.4076 (0.412)
	教学单位类型		-0.0105 (0.852)	-0.0052 (0.919)
	教学单位所处城市		0.6386* (0.063)	0.7205* (0.054)
	教学单位硕、博点		-0.2941* (0.113)	-0.3877* (0.056)
线上教学效果特征	学生学习积极性			0.4003*** (0.004)
	课堂互动频率			-0.1001 (0.418)
	学习成绩			0.0074 (0.965)
	学习效果比较			0.0836 (0.651)
	替代可能性			0.4529 (0.004)
常数项		-0.7848 (0.302)	-1.3314 (0.126)	-2.9490*** (0.005)

注：（1）*、**、***分别表示在10%、5%和1%的统计水平上显著；（2）括号内为标准差。

模型（1）的结果显示，教师的性别、年龄对教学意愿的影响不显著，表明教师供给不存在明显的群体分化。不同类别的科目对线下教学的依赖程度是不一样的，人文社科类的学科在线上或是线下教学的差别不大，自然科学类的专业可能因为需要一些实验工具，对线下教学的依赖程度要高于线上教学，这就导致教师所教授科目的类别不同，对线上教育供给的意愿也是不同的，教授科目类别对教学意愿有一定的负向影响。在教师的身体健康状况和收入水平方面，一方面，身体健康状况的回归系数为 0.1261，然而在统计水平上并不显著（$p > 0.1$），意味着个体的身体健康状况对教学意愿没有明显的影响；另一方面，收入水平的回归系数为 -0.2187，但在统计水平上也不显著（$p > 0.1$），表明个体的收入水平与教学意愿之间没有明确的关联。身体健康状态以及教师的收入水平对线上教学意愿的影响不显著，表明无论教师的收入或健康如何，他们对待线上教育和线下教育的态度没有任何不同。

模型（2）报告的结果显示，所选取的自变量包括教学单位水平、教学单位所处城市、教学单位性质、教学单位类型以及教学单位是否有硕、博点。首先是教学单位水平，我们把教学单位划为是否为 985 或 211 类高校，教学单位水平的回归系数为 0.3712，且在统计水平上显著（$p < 0.05$）。这一结果表明，教师所处的教学单位层次越高，教师的授课意愿也越高。其次是教学单位所处城市，把教学单位所在的

城市分为是否在省会城市，来分析教师所工作的城市不同对线上教学意愿的影响，结果表明教学单位所在的城市这一结果是显著的，教学单位所处城市越发达或有更好的教育资源，教师进行线上教学的意愿也会相应提高。然而，教学单位性质和教学单位硕、博点对教学意愿的影响并不显著，这意味着教学单位的性质以及硕、博点的数量对教师个体的线上教学意愿没有明确的影响。

模型（3）报告的结果显示，所选取的自变量包括学生学习的积极性、课堂互动频率、学生的学习成绩、线上教学的效果以及线上教学替代的可能性。不管是线下还是网络教学，教育最根本的目标就是教学的结果。线上教学相对于传统的线下教学而言，其丰富新颖的教学形式，会对学生的积极性产生正向影响，而教师在教学过程中，得到正向反馈会增加其教学的意愿，回归结果也正是如此。学生学习积极性的回归系数为 0.4003，且在统计水平上显著（$p < 0.001$）。在进行线上教学时课堂互动的频率对教师的意愿没有显著性影响。对于学习成绩这一方面，会学习的学生无论在什么环境下，都会逐渐适应学习环境，掌握学习方法，其对教师的线上教育无显著性影响。学习效果和线上教育替代线下教育的可能性这两个因素对教师的教学意愿也无显著性影响。

对于教师线上教学意愿这个被解释变量，我们在进行回归时可以进行五分类，分别为非常愿意进行线上教学、愿意进行线上教学、线上教学意愿一般、不愿意进行线上教学、非常不愿意进行线上教学。当被解释变量为分类变量时，我们选取第一组教师非常愿意进行线上教学作为基准组，对其进行 Mlogit 回归，得到回归结果见表 5 – 3。表 5 – 3 选取教师非常愿意进行线上教学作为基准组，估计愿意、一般、不愿意、非常不愿意这 4 个二项 logit 模型，回归系数表示的是对应变量对不同线上教学意愿的影响程度。

表 5 – 3　　　　教学意愿影响因素的 Mlogit 回归结果

变量名称		愿意	一般	不愿意	非常不愿意
		回归系数	回归系数	回归系数	回归系数
个人特征	性别	0.4323 (1.065)	− 0.5591 (0.451)	0.525 (0.516)	0.6387 (1.913)
	年龄	− 0.0036 (0.095)	0.0066 (0.034)	− 0.012 (0.037)	− 0.0124 (0.100)
	教授科目类别	1.2284 (1.698)	− 0.9440 * (0.504)	− 0.6184 (0.493)	− 4.9299 ** (2.425)
	身体健康状况	1.1671 (0.749)	− 0.0298 (0.255)	0.4836 (0.323)	− 0.0506 (1.062)
	收入水平	0.1577 (0.865)	0.3455 (0.349)	0.0435 (0.614)	− 1.4658 (4.351)
教学单位特征	教学单位水平	− 17.4938 (64874.660)	− 18.6381 (30676.111)	0.8851 (1.567)	− 9.7858 (52291.758)
	教学单位性质	− 0.1329 (2.051)	1.7094 (1.177)	− 1.7332 (1.479)	4.4008 (5553.866)
	教学单位类型	− 0.3277 (0.327)	− 0.0379 (0.107)	− 0.2865 * (0.151)	0.3153 (0.407)

续表

变量名称		愿意	一般	不愿意	非常不愿意
		回归系数	回归系数	回归系数	回归系数
教学单位特征	教学单位所在城市	0.5067 (1.682)	0.8311 (0.887)	−2.7572*** (1.038)	−7.9197** (3.341)
	教学单位硕、博点	−0.2149 (0.991)	−0.4954 (0.471)	0.9973* (0.544)	4.5655** (1.965)
	学生学习积极性	−1.1059 (0.998)	−0.4247 (0.303)	0.8985** (0.426)	17.0009 (1690.292)
线上教学效果特征	课堂互动频率	1.3534** (0.608)	0.8698*** (0.281)	0.1441 (0.339)	1.8156** (0.708)
	学生成绩	0.0102 (0.808)	−1.1551*** (0.342)	2.0852*** (0.664)	−0.0679 (1.446)
	学习效果比较	−2.2695** (0.979)	−0.8628** (0.401)	0.7856 (1.162)	9.6841 (2487.145)
	替代可能性	−0.5473 (0.883)	0.2782 (0.394)	0.4596 (0.421)	19.9716 (2284.887)
常数项		−1.4952 (6.203)	4.3081* (2.398)	−11.2105*** (4.292)	−1.50E+02 (12616.042)

注：（1）*、**、***分别表示在10%、5%和1%的统计水平上显著；（2）括号内为标准差。

根据表5-3教学意愿影响因素的Mlogit回归结果可知，在个人特征方面，性别对教师的线上教学意愿有一定的正向影响，年龄、身体健康状况和收入水平对线上教学意愿的影响不明显。教授科目类别对教学意愿的影响较大，教授文科类科目的教师比理工科类科目的教师更愿意进行线上教学。从教学单位特征方面考虑，教学单位水平对教师线上教学意愿的影响较大，教学单位所在城市和硕、博点也对教学意愿有一定的影响。教学单位性质和类型对教学意愿的影响不明显。从线上教学效果特征方面来考虑，课堂互动频率对教学意愿的影响较为显著，学生成绩和学习效果比较对线上教学意愿的影响也是比较明显的，而替代的可能性对教学意愿的影响不大。

当学生在课堂上愿意和教师进行互动时，教师会觉得自己的努力付出得到了积极的反馈，这些积极的反馈会使得教师愿意进行教学供给。研究发现，与线下教学类似，教师在进行线上教学时，其愿意进行教学供给的意愿和课堂上与学生互动的频率息息相关。以课堂互动频率代替线上教学意愿具有一定的合理性，因为两个变量之间存在较强的相关性。将被解释变量更换成线上教学课堂互动的频率，通过 Probit 模型分析课堂互动频率的影响因素来验证教学供给意愿模型的稳健性，得到回归结果见表 5 – 4。

表 5 – 4　　　课堂互动频率影响因素的 Probit 回归结果

变量名称		模型（1）	模型（2）	模型（3）
		回归系数	回归系数	回归系数
个人特征	性别	0.1312 (0.489)	0.1282 (0.505)	0.2504 (0.245)
	年龄	0.0185 * (0.147)	0.0251 * (0.069)	0.0139 * (0.361)

变量名称		模型（1）	模型（2）	模型（3）
		回归系数	回归系数	回归系数
个人特征	教授科目类别	-0.0672 （0.720）	0.0152 （0.940）	0.0655 （0.764）
	身体健康状况	0.1121 （0.301）	0.1270 （0.258）	0.1615 （0.180）
	收入水平	-0.2187 （0.161）	-0.2033 （0.205）	-0.0796 （0.641）
教学单位 特征	教学单位水平		0.7730 （0.291）	1.2203 （0.113）
	教学单位性质		0.3561 （0.458）	0.3444 （0.500）
	教学单位类型		-0.0105 （0.852）	-0.0037 （0.943）
	教学单位所处城市		0.6408 * （0.064）	0.7006 * （0.064）
	教学单位硕、博点		-0.2865 * （0.125）	-0.4026 * （0.050）
线上教学 效果特征	学生学习积极性			0.3957 *** （0.006）
	课堂互动满意度			0.2040 （0.226）
	学习成绩			-0.0251 （0.884）
	学习效果比较			-0.0765 （0.700）
	替代可能性			0.4529 *** （0.004）
常数项		-0.7750 （0.312）	-1.2829 （0.160）	-3.0283 *** （0.006）

注：（1）*、**、*** 分别表示在 10%、5% 和 1% 的统计水平上显著；（2）括号内为标差。

根据回归结果可知，当被解释变量被替换成课堂互动频率后，在个人特征方面，教师的性别、所教授科目的类别、身体健康状况和收入水平对课堂互动频率的影响不显著；年龄和对课堂互动频率有着显著的正向影响，说明教师的年龄越小，上课时课堂互动的频率越高。在教学单位特征方面，教学单位水平、教学单位性质、教学单位类型对课堂互动频率的影响均不显著；教学单位所在城市在省城的课堂互动频率要高于在非省城的；有硕、博点的教学单位中教师课堂互动频率要低于没有硕、博点的。在线上教学效果特征方面，学生学习的积极性对课堂互动频率呈现显著正向影响；认为线上教学可能替代线下教学这一影响因素对线上教学课堂互动频率呈现显著的正向影响。

二、稳健性检验

为检验教师在线教育供给影响因素模型的稳健性，本章采取更换回归方法，分别采用 Ologit 模型、OLS 模型替代 Probit 模型再次进行估计。在表 5–5 教学意愿影响因素的 Ologit 回归结果中，与以上 Probit 模型相同，设定模型（1）仅纳入教师的个体特征，模型（2）和模型（3）在模型（1）的基础上依次加入教师教学单位特征和线上教育效果特征。Ologit 模型根据有序多分类变量拆分成多个二分类因变量，拟合多个二分类 Logit 回归，并基于累积概率构建回归模型，得到回归的结果。

表 5 – 5　　　　　　教学意愿影响因素的 Ologit 回归结果

变量名称		模型（1）	模型（2）	模型（3）
		回归系数	回归系数	回归系数
个人特征	性别	0. 2041 （0. 517）	0. 2011 （0. 530）	0. 4230 （0. 247）
	年龄	0. 0308 （0. 144）	0. 0435 * （0. 061）	0. 0253 （0. 336）
	教授科目类别	− 0. 1092 （0. 724）	− 0. 0383 （0. 909）	0. 1472 （0. 690）
	身体健康状况	0. 1997 （0. 273）	0. 2225 （0. 240）	0. 2922 （0. 165）
	收入水平	− 0. 3558 （0. 161）	− 0. 3286 （0. 213）	− 0. 1169 （0. 695）
教学单位特征	教学单位水平		1. 3166 * （0. 264）	2. 1332 * （0. 089）
	教学单位性质		0. 6048 （0. 449）	0. 6491 （0. 454）
	教学单位类型		0. 0192 （0. 809）	0. 0089 （0. 920）
	教学单位所处城市		1. 0944 * （0. 056）	1. 2255 * （0. 053）
	教学单位硕、博点		− 0. 4883 （0. 114）	− 0. 6874 ** （0. 046）

续表

变量名称		模型（1）	模型（2）	模型（3）
		回归系数	回归系数	回归系数
线上教学效果特征	学生学习积极性			0.6611 *** （0.007）
	课堂互动频率			−0.0933 （0.677）
	课堂互动满意度			0.2914 （0.313）
	学习成绩			0.0217 （0.940）
	学习效果比较			0.1380 （0.679）
	替代可能性			0.7802 *** （0.004）
常数项		−1.3560 （0.290）	−2.2793 （0.141）	−5.2944 *** （0.007）

注：（1）＊、＊＊、＊＊＊分别表示在10%、5%和1%的统计水平上显著；（2）括号内为标差。

在个人特征方面，性别和年龄对教学意愿的影响都不显著，即它们的系数在统计上不显著；教授科目类别的回归系数为负数，但在统计水平上也不显著。在教学单位特征方面，教学单位水平和教学单位所处城市对教学意愿的影响都是显著的，且教学单位水平和教学单位所处城市的回归系数都为正数，说明这两个因素与教学意愿呈正相关关系；而教学单位性质和教学单位类型的回归系数为正数但不显著与教学意愿相关。线上教学效果特征方面，学生学习积极性对教学意愿的影响是显著的且为正相关关系；而课堂互动频率、课堂互动满意度、学习成绩和学习效果比较与教学意愿之间的关系不显著。

利用 OLS 模型再次进行稳健性检验，结果见表 5 - 6。在表 5 - 6 教学意愿影响因素的回归结果中，我们的被解释变量依然是教学意愿，通过确定位置参数使得真实值和预测值的误差平方和最小，从而得到回归结果。设定模型（1）仅纳入教师的个体特征，模型（2）和模型（3）在模型（1）的基础上依次加入教师教学单位特征和线上教育效果特征，分别进行普通最小二乘回归。

表 5 - 6　　　　　　　　**教学意愿影响因素的 OLS 回归结果**

变量名称		模型（1）	模型（2）	模型（3）
		回归系数	回归系数	回归系数
个人特征	性别	0.1015 (0.646)	0.1019 (0.650)	0.1605 (0.409)
	年龄	0.0350** (0.019)	0.0387** (0.016)	0.0172 (0.219)
	教授科目类别	-0.2327 (0.285)	-0.1800 (0.441)	-0.0434 (0.829)
	身体健康状况	0.0459 (0.724)	0.0535 (0.690)	0.0637 (0.579)
	收入水平	-0.3128 (0.101)	-0.2993 (0.124)	-0.1140 (0.498)

续表

变量名称		模型（1）	模型（2）	模型（3）
		回归系数	回归系数	回归系数
教学单位特征	教学单位水平		0.4794 *** (0.584)	1.0365 *** (0.173)
	教学单位性质		0.2106 (0.711)	0.3492 (0.478)
	教学单位类型		− 0.0165 (0.769)	− 0.0019 (0.968)
	教学单位所处城市		0.4305 *** (0.292)	0.5086 *** (0.154)
	教学单位硕、博点		− 0.1743 (0.431)	− 0.3133 (0.104)
线上教学效果特征	学生学习积极性			0.4772 *** (0.001)
	课堂互动频率			− 0.0118 (0.917)
	课堂互动满意度			0.4611 *** (0.003)
	学习成绩			0.0536 (0.745)
	学习效果比较			0.0061 (0.976)
	替代可能性			0.5021 *** (0.001)
常数项		− 0.6362 (0.482)	− 0.3425 (0.753)	− 2.3683 ** (0.021)

注：（1）*、**、*** 分别表示在 10%、5% 和 1% 的统计水平上显著。（2）括号内为标准差。

在个人特征方面，年龄对教学意愿有显著影响，年龄与教学意愿呈正相关关系；性别对教学意愿没有显著影响；教授科目类别对教学意愿的影响的回归系数为负但不显著；同时身体健康状况与收入水平对教学意愿无显著影响。在教学单位特征方面，教学单位水平、教学单位所处城市对教学意愿的影响都是显著的，并且教学单位水平和教学单位所处城市的回归系数为正数，说明这些因素与教学意愿呈正相关关系；教学单位性质的回归系数为正数但不显著与教学意愿相关；教学单位类型和教学单位硕、博点对教学意愿没有显著影响。线上教学效果特征方面，学生学习积极性和课堂互动满意度对教学意愿有显著影响，且呈正相关关系。课堂互动频率、学习成绩和学习效果比较对教学意愿没有显著影响。

为了检验将被解释变量更换成课堂互动频率后模型的稳健性，重新进行 Ologit 回归。在表 5－7 课堂互动频率影响因素的 Ologit 回归结果中，我们设定模型（1）纳入的是大学教师的个人特征；模型（2）增加了教师的教学单位特征；模型（3）除以上一些特征外又增加了教师的线上教学效果特征。Ologit 模型根据有序多分类变量拆分成多个二分类因变量，拟合多个二分类 Logit 回归，并基于累积概率构建回归模型，得到回归的结果。

表 5 – 7　　　　课堂互动频率影响因素的 Ologit 回归结果

变量名称		模型（1）	模型（2）	模型（3）
		回归系数	回归系数	回归系数
个人特征	性别	0.2041 (0.517)	0.2011 (0.530)	0.4230 (0.247)
	年龄	0.0308 * (0.144)	0.0435 * (0.061)	0.0253 * (0.336)
	教授科目类别	– 0.1092 (0.724)	– 0.0383 (0.909)	0.1472 (0.690)
	身体健康状况	0.1997 (0.273)	0.2225 (0.240)	0.2922 (0.165)
	收入水平	– 0.3558 (0.161)	– 0.3286 (0.213)	– 0.1169 (0.695)
教学单位特征	教学单位水平		– 1.3166 * (0.264)	– 2.1332 * (0.089)
	教学单位性质		0.6048 (0.449)	0.6491 (0.454)
	教学单位类型		– 0.0192 (0.809)	– 0.0089 (0.920)
	教学单位所处城市		1.0944 * (0.056)	1.2255 * (0.053)
	教学单位硕、博点		– 0.4883 (0.114)	– 0.6874 ** (0.046)
线上教学效果特征	学生学习积极性			0.6611 *** (0.007)
	课堂互动满意度			0.2914 (0.313)

续表

变量名称		模型（1）	模型（2）	模型（3）
		回归系数	回归系数	回归系数
线上教学效果特征	学习成绩			0.0217 (0.940)
	学习效果比较			0.1380 (0.679)
	替代可能性			0.7802 *** (0.004)
常数项		−1.3560 (0.290)	−2.2793 (0.141)	−5.2944 *** (0.007)

注：（1）*、**、***分别表示在10%、5%和1%的统计水平上显著；（2）括号内为标准差。

根据表5-7的回归结果可知，在分析个人特征对课堂互动频率的影响因素中，教师的年龄对线上教学中课堂互动频率的影响是显著的，且为正向影响。其他的一些个人特征方面的因素，如教师性别、教师所教授科目的类别、教师的身体健康状况、教师的收入水平对线上教学中课堂互动频率的影响均不显著。在教学单位特征方面，教学单位水平和教学单位是否有硕、博点对课堂互动频率有着负的显著性，说明教学单位的水平越高，线上课堂的互动频率越低；教学单位所在城市对课堂互动频率的影响也是显著的，且回归系数为正值，说明教学单位所在城市在省城的课堂互动频率要高于在非省城的；教学单位的类型和教学单位的性质对线上课堂互动频率的影响不显著。在线上教学效果特征方面，学生学习积极性和替代的可能性对课堂互动频率的影响是显著的，其余因素均不显著。

把被解释变量换成课堂互动频率后，假设因变量与自变量之间存在一个线性关系，然后通过最小化残差平方和来拟合最优的线性模型。在表5－8课堂互动频率影响因素的OLS回归结果中，我们设定模型（1）只包含教师的个人特征；模型（2）增加了教师的教学单位特征；模型（3）在以上基础上，再次增加了教师的线上教学效果特征，通过分析课堂互动频率的影响因素，来检验教学意愿模型的稳健性。

表5－8　　　　课堂互动频率影响因素的 OLS 回归结果

变量名称		模型（1）	模型（2）	模型（3）
		回归系数	回归系数	回归系数
个人特征	性别	0.1015 (0.646)	0.1019 (0.650)	0.1605 (0.409)
	年龄	0.0350 ** (0.019)	0.0387 ** (0.016)	0.0172 (0.219)
	教授科目类别	－0.2327 (0.285)	－0.1800 (0.441)	－0.0434 (0.829)
	身体健康状况	0.0459 (0.724)	0.0535 (0.690)	0.0637 (0.579)
	收入水平	－0.3128 (0.101)	－0.2993 (0.124)	－0.1140 (0.498)

续表

变量名称		模型（1）回归系数	模型（2）回归系数	模型（3）回归系数
教学单位特征	教学单位水平		-0.4794 (0.584)	-1.0365 (0.173)
	教学单位性质		0.2106 (0.711)	0.3492 (0.478)
	教学单位类型		-0.0165 (0.769)	-0.0019 (0.968)
	教学单位所处城市		0.4305^* (0.292)	0.5086^* (0.154)
	教学单位硕、博点		-0.1743 (0.431)	-0.3133 (0.104)
线上教学效果特征	学生学习积极性			0.4772^{***} (0.001)
	课堂互动满意度			0.4611^{***} (0.003)
	学习成绩			0.0536 (0.745)
	学习效果比较			0.0061 (0.976)
	替代可能性			0.5021^{***} (0.001)
常数项		-0.6362 (0.482)	-0.3425 (0.753)	-2.3683^{**} (0.021)

注：（1）*、**、***分别表示在10%、5%和1%的统计水平上显著；（2）括号内为标准差。

　　表 5 - 8 的结果显示，从教师的个人特征方面来看，教师的性别、教授科目类别、身体健康状况以及教师的收入水平，对线上教学课堂互动频率的影响不显著；教师的年龄对线上教学课堂互动频率呈现正的显著性影响。从教师的教学单位特征来看，教学单位所处城市这一因素与线上教学课堂互动频率呈现正相关，说明处在省会城市工作的教师在线上教学时课堂互动频率要高于处在非省会城市工作的教师，教学单位水平、教学单位性质、教学单位类型和教学单位是否有硕、博点这些自变量对课堂互动频率的影响不显著。从线上教学效果特征来看，学生学习的积极性、线上课堂互动的满意度以及线上教学替代线下教学的可能性这三点因素对课堂互动频率的影响是显著的，且均为正相关，其余因素均不显著。

　　和课堂互动频率相似，大学教师在进行线上课堂教学时对课堂互动的满意度也会影响教师对线上教学的供给意愿。与线下教学相比，互联网上可以利用的资源是十分丰富的，教师在备课时会花费更多的心思把能利用到的对教学有利的资源整合到课堂上去。和学生进行课堂互动也正是检验自己备课成果的一次交流与沟通。教师对课堂互动的满意度往往会影响教师教学供给的意愿。教师在进行线上教学时，其愿意进行教学供给的意愿和线上课程中对与学生互动的满意度息息相关。以教师线上教学课堂互动满意度代替教师线上教学意愿具有一定的合理性，因为两个变量之间存在较强的相关性。表 5 – 9 是把被解释变量更换成线上教学课堂互动满意度后，通过 Probit 模型分析课堂互动满意度的影响因素来验证教学供给意愿模型的稳健性。

表 5 – 9 　　　　课堂互动满意度影响因素的 Probit 回归结果

变量名称		模型（1）	模型（2）	模型（3）
		回归系数	回归系数	回归系数
个人特征	性别	0.2878 (0.386)	0.1886 (0.752)	2.0093 (0.313)
	年龄	0.0670 *** (0.002)	0.0264 *** (0.530)	0.0682 *** (0.420)
	教授科目类别	– 0.4512 (0.181)	– 0.9595 (0.153)	– 1.5308 (0.297)
	身体健康状况	0.0825 (0.638)	– 0.2944 (0.412)	– 0.5329 (0.359)
	收入水平	0.0267 (0.597)	0.1347 (0.374)	0.3697 (0.249)
教学单位特征	教学单位水平		– 0.2489 (0.546)	– 0.4516 (0.689)
	教学单位类型		– 0.2579 (0.111)	– 0.5130 (0.177)
	教学单位所在城市		4.3319 *** (0.426)	9.0017 *** (0.110)
	教学单位硕、博点		– 2.3334 *** (0.659)	– 4.7420 *** (0.125)

续表

变量名称		模型（1）	模型（2）	模型（3）
		回归系数	回归系数	回归系数
线上教学效果特征	学生学习积极性			0.0927 (0.893)
	课堂互动频率			1.6663 (0.396)
	学习成绩			1.7632 (0.232)
	学习效果比较			1.0396 (0.298)
	替代可能性			-1.4577 (0.241)
常数项		-1.1069 (0.382)	4.7525 (0.124)	4.1226 (0.370)

注：（1）＊、＊＊、＊＊＊分别表示在10%、5%和1%的统计水平上显著；（2）括号内为标准差。

根据表5-9课堂互动满意度影响因素的Probit回归结果可以得知，在教师的个人特征方面，教师的年龄对教师课堂互动满意度的影响是显著的；教师的性别、教师的身体健康状况、教师教授科目的类别以及教师的收入水平这些因素对教师课堂互动的满意度的影响都不显著。从教师的教学单位特征方面来看，教师的教学单位水平以及教学单位类型对课堂互动的满意度的影响不显著；教师的教学单位所在城市与教师课堂互动的满意度之间，存在正相关；有硕、博点的教学单位的老师课堂互动的满意度要低于没有硕、博点的教学单位的老师。从线上教学效果特征来看，学生学习的积极性、线上教学课堂互动频率、学生学习成绩的改变、学习效果的比较以及线上教学替代线下教学的可能性，这些因素对教师课堂互动满意度的影响均不显著。

将被解释变量替换为课堂互动满意度后，重新使用Ologit 模型进行回归，得到回归结果见表 5 – 10。在表 5 – 10 中，我们设定模型（1）纳入的是大学教师的个人特征；模型（2）在教师个人特征的基础上纳入了教师的教学单位特征；模型（3）除以上一些特征外又增加了教师的线上教学效果特征。根据有序多分类变量拆分成多个二分类因变量，拟合多个二分类 Logit 回归，并基于累积概率构建回归模型，得到回归的结果，根据表 5 – 10 得出来的回归结果，进一步验证线上教学意愿模型的稳健性。

表 5 – 10　　　课堂互动满意度影响因素的 Ologit 回归结果

变量名称		模型（1）	模型（2）	模型（3）
		回归系数	回归系数	回归系数
个人特征	性别	0.3536 (0.584)	0.3106 (0.798)	4.0615 (0.525)
	年龄	0.1418 *** (0.001)	0.0347 *** (0.692)	0.1266 *** (0.406)
	教授科目类别	− 0.7927 (0.233)	− 1.9285 (0.124)	− 2.8456 (0.295)
	身体健康状况	0.2203 (0.540)	− 0.5108 (0.467)	− 1.0809 (0.305)
	收入水平	0.3269 (0.615)	0.1567 (0.437)	0.6143 (0.951)

续表

变量名称		模型（1）	模型（2）	模型（3）
		回归系数	回归系数	回归系数
教学单位特征	教学单位水平		0.4932 （0.165）	0.0215 （0.871）
	教学单位类型		-0.4665 （0.140）	-1.0019 （0.141）
	教学单位所在城市		8.0068 *** （0.356）	17.5266 * （0.089）
	教学单位硕、博点		-4.1560 *** （0.001）	-9.2483 （0.104）
线上教学效果特征	学生学习积极性			0.2310 （0.857）
	课堂互动频率			3.4819 （0.323）
	学习成绩			3.6080 （0.187）
	学习效果比较			2.1509 （0.230）
	替代可能性			-2.9534 （0.186）
常数项		-3.1669 （0.207）	8.6014 （0.133）	7.7672 （0.358）

注：（1）＊、＊＊、＊＊＊分别表示在10％、5％和1％的统计水平上显著；（2）括号内为标准差。

根据表5-10课堂互动满意度影响因素的Ologit回归结果，我们可以得出以下结论：在个人特征方面，教师的年龄对课堂互动满意度有正向的影响，年龄每增加 1 岁，课堂互动满意度提高 0.1418 个单位；教师的性别、教师教授科目的类别对线上课堂互动满意度的影响不显著；同时，教师的身体健康状况和收入水平对课堂互动满意度的影响也不显著。在教学单位特征方面，教学单位水平、教学单位类型对课堂互动满意度的影响都不显著；教学单位所在城市对课堂互动满意度有显著的正向影响，所在城市每增加 1 个单位，课堂互动满意度提高 8.0068 个单位；教学单位硕、博点对课堂互动满意度有显著的正向影响，具有硕、博点的教学单位的课堂互动满意度高于没有硕、博点的单位。在线上教学效果特征方面，学生学习的积极性、课堂互动频率、学习成绩、学习效果比较对课堂互动满意度的影响均不显著。

将被解释变量从线上教学意愿更换成课堂互动满意度后，在其他自变量选取相同的情况下，通过 OLS 模型对课堂互动满意度影响因素进行最小二乘估计得出的结果，得到回归结果见表 5 - 11，旨在研究影响课堂互动满意度的各种因素。因为线上教学课堂互动满意度和线上教学意愿有着较强的相关性，因此可以用来检验线上教学意愿影响因素模型的稳定性。表 5 - 11 包含有 3 个模型，模型（1）纳入的是大学教师的个人特征；模型（2）在教师个人特征的基础上纳入了教师的教学单位特征；模型（3）除以上一些特征外又增加了教师的线上教学效果特征。通过对这些模型进行回归分析，我们可以了解不同个人特征、教学单位特征和线上教学效果特征对于学生课堂互动满意度的影响程度。

表 5 - 11　　　　课堂互动满意度影响因素的 OLS 回归结果

变量名称		模型（1）	模型（2）	模型（3）
		回归系数	回归系数	回归系数
个人特征	性别	0.0115 (0.742)	0.0169 (0.533)	0.0246 (0.371)
	年龄	0.0087 *** (0.376)	0.0016 (0.413)	0.0016 (0.429)
	教授科目类别	- 0.0527 (0.128)	- 0.0644 ** (0.022)	- 0.0652 ** (0.021)
	身体健康状况	0.0106 (0.607)	- 0.0029 (0.857)	- 0.0028 (0.863)
	收入水平	0.0413 (0.172)	0.0262 (0.265)	0.0242 (0.310)
教学单位特征	教学单位水平		0.0886 (0.403)	0.0871 (0.418)
	教学单位类型		- 0.0089 (0.189)	- 0.0099 (0.154)
	教学单位所处城市		0.4549 *** (0.106)	0.4643 *** (0.305)
	教学单位硕、博点		- 0.2316 *** (0.169)	- 0.2352 *** (0.364)

续表

变量名称		模型（1）	模型（2）	模型（3）
		回归系数	回归系数	回归系数
线上教学效果特征	学生学习积极性			0.0153 (0.446)
	课堂互动频率			0.0013 (0.935)
	学习成绩			-0.0070 (0.765)
	学习效果比较			0.0343 (0.227)
	替代可能性			-0.0016 (0.943)
常数项		0.5376 *** (0.591)	0.7012 *** (0.326)	0.7206 *** (0.034)

注：（1）*、**、***分别表示在10%、5%和1%的统计水平上显著；（2）括号内为标准差。

根据表5-11课堂互动满意度影响因素的OLS回归结果可知，在个人特征方面，我们考虑了性别、年龄、身体健康状况和收入水平对课堂互动满意度的影响。在教学单位特征方面，我们考虑了教学单位水平、教学单位类型和教学单位所处城市、教学单位是否有硕、博点对课堂互动满意度的影响。其中教学单位所在城市对课堂互动满意度有显著正向影响，这可能是社会文化环境和教学资源的差异导致的。此外，教学单位硕、博点对课堂互动满意度有显著的负向影响。这可能是因为硕、博点的教学单位通常具有更高水平的研究环境和资源，对实验器材的依赖较强，学术性更强，所以线上学习可能无法提供更丰富和积极的课堂互动体验，从而降低了学生的满意度。在线上教学效果特征方面，学生学习的积极性、课堂互动频率、学习成绩、学习效果比较、替代可能性对课堂互动满意度的影响均不显著。

三、异质性分析

（一）教授科目异质性

教授人文社科类专业与教授自然科学类专业的教师在日常授课过程中的授课习惯以及讲课模式等方面存在着较大的差异，所以教师进行线上教学的意愿也存在学科之间的差异。为具体考察这一差异，在表 5－12 不同科目教师教学意愿影响因素的 Probit 回归结果中，我们借鉴以往研究的一些做法，将教授人文社会科学和外语、语文、数学学科类的教师统一划分为人文社科类教师，剩余的群体划分为自然科学类教师，分别进行 Probit 回归分析。在进行回归分析的研究样本中，人文社科类教师所占的比重超过八成；自然科学类教师所占的比重不足两成。

表 5 – 12　　不同科目教师教学意愿影响因素的 Probit 回归结果

变量名称		模型（1）	模型（2）
		自然科学	人文社科
		回归系数	回归系数
个人特征	性别	− 0.9836 (0.585)	0.5764 (0.157)
	年龄	− 0.1973 (0.319)	0.0265 (0.345)
	身体健康状况	− 0.1438 (0.912)	0.3051 (0.169)
	收入水平	1.1713 (0.945)	− 0.0735 (0.805)
教学单位特征	教学单位水平	1.5412 *** (0.244)	− 1.9527 ** (0.098)
	教学单位性质	0.5414 (0.245)	0.2007 (0.828)
	教学单位类型	− 0.4196 (0.501)	0.0034 (0.972)
	教学单位所在城市	7.4133 *** (0.215)	1.0070 ** (0.143)
	教学单位硕、博点	− 4.1386 (0.204)	− 0.5390 (0.142)
线上教学效果特征	学生学习积极性	2.1785 * (0.197)	0.5501 *** (0.048)
	课堂互动频率	0.3188 (0.921)	− 0.1541 (0.515)
	课堂互动满意度	2.2993 *** (0.321)	0.3265 (0.299)

续表

变量名称		模型（1）	模型（2）
		自然科学	人文社科
		回归系数	回归系数
线上教学 效果特征	学习成绩	0.7386 （0.702）	0.1829 （0.573）
	学习效果比较	0.3459 （0.843）	-0.0759 （0.836）
	替代可能性	5.2408*** （0.031）	0.5295*** （0.078）
常数项		2.3013 （0.822）	-4.7106 （0.013）

注：（1）*、**、***分别表示在10%、5%和1%的统计水平上显著；（2）括号内为标准差。

为了考察"教授科目类别"这一变量对教师供给意愿的影响，该部分的"教授科目类别"变量为连续变量。就教学单位特征而言，工作单位是否为985/211高校以及工作单位所在的城市不同，对无论是教授自然科学还是人文社科专业的教师来说都有显著正向影响。在985/211类高校任职的教师，以及在省会城市工作的教师，相较于非985/211高校任职的教师和非省会城市工作的教师来说，他们的工作环境、工作背景使得他们能够更容易接纳新鲜事物，他们对使用互联网工具进行线上教学的接受程度更高，在这些地方工作的教师进行线上教学供给的意愿也更强。在教学单位是否有硕、博点对教师进行线上教学供给意愿的影响方面，教授自然科学类专业的教师与教授人文社科类专业的教师都呈现显著负向。其中的原因可能是，有硕、博点的高校由于要进行科研研究，教师和学生对实验室的依赖程度要高于没有硕、博点的高校，他们更加偏向于线下教学而非线上教学，因而教学单位硕、博点对自然科学和人文社科的影响都显著负向。

从线上教学效果特征方面来看，学生学习的积极性对所有教师的线上教学供给意愿都显著正向，学生学习越积极，教师的教学意愿越高，学生提供良好的正向反馈是教师愿意提供线上教学供给的关键。对于教授人文社科专业的教师来说，课堂互动的满意度这一点不是研究线上教学供给的关键因素。可能的原因是，与教授自然科学类专业的教师不同，教授人文社科类专业的教师平时所工作的环境和接受的思想教育大多数与社会中的日常息息相关，课堂互动并不能影响到他们对于线上教学供给的意愿，相比较而言，在工作中多数时间所接触的是实验仪器的自然科学类专业的教师，对课堂互动的满意度更在意，他们对课堂互动的满意度越高，越愿意进行线上教学供给。

（二）年龄异质性

因为不同年龄的教师对于新生事物的接纳能力不同，且自我学习能力存在差异，所以他们对新事物的看法也是不同的。不同年龄段的教师，在线上教学供给意愿上也存在差异。为具体考察这一差异，表 5 – 13 不同年龄段教师教学意愿影响因素的 Probit 回归结果中，我们借鉴以往研究的做法，将收集到的数据中不同年龄段的教师划分成 40 岁以下以及 40 岁以上年龄的教师两类。在我们所选择的研究样本中，40 岁以上和 40 岁以下的教师所占比重均为五成左右。

表 5 – 13　　不同年龄段教师教学意愿影响因素的 Probit 回归结果

变量名称		模型（1）	模型（2）
		40 岁以下	40 岁以上
		回归系数	回归系数
个人特征	性别	0.8983 *** (0.178)	0.3645 ** (0.651)
	教授科目	– 0.2578 (0.737)	0.4787 (0.697)
	身体健康状况	0.7585 (0.045)	0.9856 (0.825)
	收入水平	0.4398 (0.367)	– 0.8846 (0.198)
教学单位特征	教学单位水平	0.5412 (0.412)	– 3.1622 (0.324)
	教学单位性质	0.565 (0.741)	0.1657 (0.726)
	教学单位类型	0.1518 (0.328)	0.0253 (0.083)
	教学单位所在城市	2.0903 (0.096)	2.4567 (0.065)
	教学单位硕、博点	– 1.0471 (0.116)	– 1.5467 (0.036)

续表

变量名称		模型（1） 40 岁以下 回归系数	模型（2） 40 岁以上 回归系数
线上教学 效果特征	学生学习积极性	1.4018 （0.003）	0.9145 （0.051）
	课堂互动频率	−0.0009 （0.998）	−0.2163 （0.398）
	课堂互动满意度	−0.7506 （0.215）	1.6841 （0.016）
	学习成绩	0.6948 （0.159）	−1.2265 （0.079）
	学习效果比较	−0.0444 （0.933）	1.3856 （0.089）
	替代可能性	0.4626 （0.369）	1.3561 （0.329）
常数项		−5.5784 （0.114）	−8.9629 （0.264）

注：（1） *、**、*** 分别表示在 10%、5% 和 1% 的统计水平上显著；（2）括号内为标准差。

从个人特征方面来看，性别这一变量对 40 岁以上的教师和对 40 岁以下的教师均呈现明显的正相关。这意味着无论年龄如何女性教师相对于男性教师而言更愿意接受线上教学这一新鲜事物；教授科目类别、教师的身体健康状况以及教师的收入水平对线上教学意愿的影响无论什么年龄段均不显著。在教学单位特征方面，教学单位水平对教师年龄异质性有正向影响，即高水平的教学单位相对于低水平的教学单位更容易存在教师年龄异质性。类似地，教学单位所在城市对教师年龄异质性也有正向影响，即在城市中的教师相对于农村地区的教师更容易存在教师年龄异质性。从线上教学效果特征方面来看，学生学习的积极性、课堂互动频率、教师对课堂互动的满意度、学习成绩、学习效果比较、替代的可能性对所有年龄段的教师线上教学意愿的影响都不显著。

（三）身体健康异质性

身体健康状况也是影响教师进行线上教学供给意愿的一个重要因素，当教师身体健康状况不同时，其对待影响线上教学的因素的态度也是不同的。所以教师进行线上教学的意愿也存在身体健康状态之间的差异。具体考察这一差异，在表 5 - 14 不同健康状况教师教学意愿影响因素的 Probit 回归结果中，我们借鉴以往研究的做法，将所研究对象中身体健康状态为"非常健康""健康"以及"一般健康"的教师统一划分为"健康"这一类别；身体健康状态为"不健康"和"非常不健康"的教师统一划分为"不健康"这一类别。在本章的研究样本中，健康类别的教师所占的比重为四成，不健康类别的教师所占的比重超过五成。

表 5 – 14   不同健康状况教师教学意愿影响因素的 Probit 回归结果

变量名称		模型（1） 一般 回归系数	模型（2） 不健康 回归系数
个人特征	性别	0.0754 (0.939)	0.9993 (0.042)
	年龄	0.0665 *** (0.253)	– 0.0282 *** (0.432)
	教授科目	0.6228 (0.450)	– 0.0020 (0.997)
	收入水平	0.4245 (0.739)	– 0.0510 (0.912)
教学单位 特征	教学单位水平	0.3679 *** (0.543)	0.0651 *** (0.856)
	教学单位性质	1.3265 (0.485)	– 0.9186 (0.507)
	教学单位类型	0.3161 (0.096)	– 0.1886 (0.159)
	教学单位所在城市	0.9182 *** (0.494)	1.2524 *** (0.165)
	教学单位硕、博点	– 0.4787 (0.512)	– 0.6801 (0.154)
线上教学 效果特征	学生学习积极性	1.4448 *** (0.012)	0.5382 *** (0.105)
	课堂互动频率	– 0.0679 (0.881)	0.0820 (0.800)
	课堂互动满意度	– 0.2106 (0.785)	0.2683 (0.463)

续表

变量名称		模型（1） 一般 回归系数	模型（2） 不健康 回归系数
线上教学 效果特征	学习成绩	0.2519 (0.726)	−0.1648 (0.676)
	学习效果比较	0.1979 (0.770)	−0.1387 (0.777)
	替代可能性	0.4499 (0.428)	1.0194 (0.012)
常数项		−8.7954 (0.017)	0.2718 (0.912)

注：（1）*、**、***分别表示在10%、5%和1%的统计水平上显著；（2）括号内为标差。

　　在个人特征方面，性别对于健康和不健康的教师线上教学供给的意愿没有显著影响。而年龄对身体状态为健康类别的教师来说，其对线上教学的意愿是正显著的；对身体健康状态为不健康类别的教师来说，其对线上教学的意愿是负显著的。在教学单位特征方面，教学单位水平对健康、不健康的教师都有正向影响，这说明高水平院校的教师无论身体健康状态如何，其对线上教学的意愿都是显著的。同样的，教学单位所在城市对教师线上教学意愿的影响也是正显著的，在省会城市工作的教师相对于非省会城市工作的教师而言，更愿意进行线上教学的供给。在线上教学特征方面，学生的学习积极性对教师线上教学意愿的影响不因教师身体健康状况的不同而有所差异，学生的学习积极性越高，教师进行线上教学的意愿也就会越强。

第三节 本章小结

基于大学教师线上教育效果的调查研究数据，本章采用二元 Probit 和多项 Logit 模型，考察了大学教师线上教学意愿的影响因素。同时为了检验教学意愿影响因素模型的稳健性，我们对教学意愿这个被解释变量采用 Ologit 回归方法和 OLS 回归方法。研究发现，课堂互动频率、课堂互动满意度和教学意愿的相关性较强，我们把被解释变量更换成与教学意愿有着较强相关性的课堂互动频率和课堂互动满意度后，再分别进行回归分析也可以验证模型的稳健性。检验模型的稳健性后，本章进一步讨论了教授不同科目的教师、不同年龄段的教师以及不同身体健康状况教师线上教学意愿之间的差异，通过异质性分析，来更好地了解教师的线上教学意愿。通过以上分析，得出结论：

第一，年龄对教师在线教育的供给意愿具有显著影响。因为不同年龄的老师对新生事物的接纳能力不同，且自我学习能力存在差异，所以他们对新事物的看法也是不同的。年轻的大学教师可能因为教学经历比较浅，他们从上学开始接触到的都是线下教学，当他们成为教师后，他们对线下教学的依赖程度也就比较高，而年龄大的教师，他们更有经验，相对于年轻教师，他们可以及时做出调整，所以年龄大的教师更愿意进行线上教学。相比于年纪较轻的大学教师，年龄大的教师对于在线教育的适应能力更强，更能够迅速调整教学方式。

第二，工作单位所在城市对教师在线教育供给的影响显著。教师工作单位所在城市如果是省会城市，教育资源丰富，教学所需要的仪器和技术更加先进，他们所接受到的信息相对而言比较全面，相对于工作单位在非省会城市的教师，省会城市的教师对新鲜事物的接受度比较高，愿意并且敢于尝试新的教学模式，对于在线教学意愿更加强烈。教学单位所在城市这个因素对教师在线教育供给意愿的影响是正向且显著的。

第三，学生的学习热情对教师的供给意愿有显著影响。我们用与线上教学意愿有着强相关性的课堂互动频率和课堂互动满意度这两个变量来代替教师的线上教学意愿，检验模型的稳健性后发现，学生学习的积极性对教师线上教学供给意愿的影响是显著的。同线下教学类似，教师在进行线上教学时，学生对教师课堂的反馈会影响教师进行教学的意愿。在课堂上，当教师辛苦备课进行线上教学，学生学习的积极性越高，教师收到了正向反馈，觉得自己努力备课是有收获的，学生们喜欢线上教学这种上课模式，教师们也会更加愿意持续这种教学模式。因此，学生学习的积极性对教师线上教学意愿的影响是正向且显著的。

第 六 章

结论与建议

第一节　结　　论

一、学习频率和效率影响显著

学习频率对学生的在线学习意愿有着直接的影响。频繁的学习可以帮助学生巩固已学知识，做到及时发现和解决问题，以提高学习效果。而学习频率较低的学生，可能会因为遗忘率高、问题积累等原因，导致学习效果不佳，从而影响其在线学习的意愿。此外，频繁的学习也能够使学生更加熟悉在线学习平台和工具，提高其使用便捷性和满意度，进一步增强其在线学习意愿。另外，学习效率也是关键的影响因素。学习效率高的学生，能够在短时间内获得更多的知识和技能，感受到学习的成就感和满足感，从而更加愿意继续进行在线学习。相反，学习效率低的学生，可能会因为学习进展缓慢、成就感不足等原因，对在线学习产生消极情绪，甚至放弃在线学习。因此，提高学习效率是提高学生在线学习意愿的重要途径。

二、学习效果影响在线学习满意度

学习效果是评价学生学习成果的重要指标。学习效果与在线学习满意度之间存在着密切的关系，学习效果的好坏直接影响着满意度。首先，良好的在线学习效果能够提高学生的在线学习满意度。当学生在在线学习中取得了显著的进步和成果，他们会感受到学习的成就感和满足感，从而对在线学习产生积极的评价和满意的情感。这种满意度的提高有助于学生更加投入在线学习，形成积极的态度和习惯，进一步提高学习效果。反之，如果学生的学习效果没有达到预期，他们可能会对在线学习产生失望和不满的情感。学习效果不佳可能是由于学习内容难以理解、教学方法不适合、学习资源不足等原因导致的。这些因素会使学生在在线学习中遇到困难和挑战，无法达到预期学习目标，从而降低其满意度。长期的满意度低下可能会导致学生放弃在线学习，影响其学习成果和未来发展。

三、学习平台建设十分关键

在线学习平台是当代高等教育中不可或缺的工具之一，对于教育教学的改革和创新也有着重要的推动作用。首先，在线学习平台提供了更加灵活的学习方式。传统的教育模式通常要求学生按时到教室上课，这种方式在一定程度上限制了学生的学习时间和地点。而在线学习平台能够提高学生学习时间的灵活性，既能满足他们在课堂之外的生活和学习需求，也能利用碎片化的时间来提高学习效率。其次，在线学习平台拥有丰富且优质的教学资源。教师可以将教学视频、课件、文献等资源上传至平台，学生可以随时查阅和下载。这种模式有助于打破传统课堂的时空限制，使优质教育资源得到更广泛的传播和共享。同时，在线学习平台还可以开展虚拟实验室、在线讨论、作业提交等教学活动，丰富学生的学习体验。再次，在线学习平台促进了师生互动。在传统课堂中，学生提问和参与讨论的机会可能有限，而在线学习平台能够很好地解决这一问题。此外，平台还提供了作业批改、成绩查询等功能，有助于提高师生之间的沟通效率。最后，在线学习平台有助于教育教学改革和创新。教师可以利用在线平台尝试新的教学方法，这些教学方法有助于提高学生的自主性和创新性。同时，在线学习平台还可以开展跨学校、跨专业的资源共享和合作，推动教育教学的改革与发展。

四、不同区域在线学习意愿有差异

不同区域学生的在线学习意愿存在差异，它受到多种因素的影响，包括地域文化、教育资源、网络设施状况、家庭经济条件等。首先，地域文化差异对学生的在线学习意愿有着显著影响。不同的地区有着不同的教育观念和价值取向，这直接影响了学生对于在线学习的态度。例如，在一些重视传统教育方式的地区，学生和家长可能更倾向于面对面的教学，对在线学习的接受度可能较低。而在一些科技较为发达、互联网使用率较高的地区，学生和家长可能更习惯于利用在线平台进行学习和交流，因此在线学习的意愿会更强烈。其次，教育资源的分配也是影响不同区域学生在线学习意愿的一个重要因素。在一些教育资源丰富的地区，学校可能提供了更多高质量的在线学习资源和工具，使得学生能够更容易地获取到优质的学习内容，从而提高了他们进行在线学习的积极性。而在教育资源相对匮乏的地区，学生可能面临缺乏必要的学习材料和技术支持的问题，这可能会降低他们的在线学习意愿。最后，网络设施的状况对在线学习的影响不容忽视。在一些网络覆盖不全或者网络速度较慢的地区，学生进行在线学习可能会遇到连接不稳定、加载缓慢等技术问题，这会影响他们的学习体验和效率，进而影响在线学习意愿。

五、学习频率和课堂回放提高学习效果

首先，学习频率对于提升在线学习效果有重要影响。相较于传统的面对面教学，在线学习的一个特点是学生可以更加灵活地安排自己的学习时间。学生可以选择在一天中最为清醒和专注的时间进行学习，这样可以提高学习效率。其次，课堂回放是在线学习中一个非常有用的功能。课堂回放让学生可以随时回顾和复习教师在课堂上讲解的内容，这对于学生理解和记忆课程内容有着极大的帮助。学生可以在课后根据自己的需要，选择性地观看课堂回放，这样可以更加专注地学习自己感兴趣或者觉得较为困难的部分。除此之外，课堂回放还可以提高学生自主学习的能力。学生能够根据自己的需求，选择性地观看课堂回放，更好地调整自己的学习计划和节奏。同时，课堂回放能够帮助学生进行回顾和复习。在听取新知识后，可以通过观看课堂回放，加深对所学知识的理解和记忆。

六、良好的学习习惯至关重要

对于学生进行线上学习而言，良好的学习习惯具有至关重要的作用。首先，良好的学习习惯有助于学生树立正确的

学习观念。线上学习相较于面对面教学，缺乏直观的课堂环境和老师的直接监管，容易使学生有懈怠心理。而学习习惯良好的学生，能够自觉地对待学习，把学习当作一种责任和使命，从而更加珍视在线学习的机会，充分发挥线上学习的优势。其次，良好的学习习惯能够提高学生自我管理的能力。进行线上学习过程中，学生需要自己安排时间、掌握进度、制定计划。具备良好学习习惯的学生，能够更好地对自己进行管理，合理安排时间，避免拖延，确保学习任务的顺利完成。最后，学习习惯良好有助于学生培养自律品质。线上学习过程中，学生需要自觉遵守纪律，遵循教师的教学安排，不得擅自缺课、迟到、早退等。具备良好学习习惯的学生，能够更好地遵守这些纪律要求，培养自己的自律品质，为未来的学习和生活打下坚实基础。

七、学生在线学习积极性能够提高教师供给意愿

学生在线学习的积极性对于提高教师的供给意愿具有重要作用。学生的在线学习积极性直接影响教师的教学效果。在线上课堂中，教师不能很直观地得知学生的学习状态，学生的在线学习积极性高，参与度强，能够让教师感受到教学的成效，从而增强教师继续提供在线教学的动力。同时，学生的积极学习态度能够提升教师的职业成就感。教师在教学过程中，最希望能够看到学生对自己的教学内容感兴趣，

积极互动，认真完成作业。当学生在在线学习中表现出高度积极性时，教师会感受到自己的工作得到了认可，这对于提高教师的供给意愿具有显著效果。学生的积极性还能激发教师的创新精神。面对在线教学的挑战，教师需要不断运用平台进行新的教学方式和方法的尝试，来吸引提高学生的专注力，提高教学效果。学生的积极性可以激发教师的创新动力，促使教师积极寻求更有效的在线教学策略。

第二节　政策建议

在线教育教学是一种新的教学方式，它与时代的发展、信息技术的发展密切相关。近年来，新冠疫情给全球教育业带来了严重的冲击，传统的教育模式已经不足以应对一些突发事件下教育的需求。虽然我国在大力推进线上教育教学建设，但我国的线上教育模式很多方面还处于建设初期，许多方面还不健全，还需要有更加细致的部署。许多学校、教师、家长、学生在接触这种新型教育教学模式时并不能很好地适应，这使得学生线上教育的学习效率要远远低于线下教育，很难切实满足家长对子女教育的需求。因此，加快线上教育教学模式的构建与完善，对于促进大学在线教育教学具有重要的意义。为此，提出以下一些政策建议。

一、提升在线学习参与度

在线学习的引导与管理对于确保在线学习的有效性具有十分重要的作用，这就要求师生双方共同努力，营造一个良好的在线学习环境与习惯。首先，要针对学生的学习特征和学习目的，对在线学习的任务与规划进行科学的设计，对学习内容、要求、标准和时限给予明确的规定，使学生对自己要做什么、如何做、为什么做有一个清晰的认识。其次，应对在线学习的时间与进度进行合理的规划，防止出现过多的挤压与延误，保证教学的连续性与稳定性。再次，要对线上教学平台与资源进行有效地运用，将视频、音频、文本、图片、动画、游戏等平台的功能与优势加以充分利用，以丰富的学习方式，使学生们对在线学习产生浓厚的兴趣与动机。最后，要通过讨论、小组、项目、案例、仿真等多种教学活动，加强学生的参与感和归属感，加强相互沟通与协作，从而提升他们的学习技能和素质。

二、提升在线学习技能

提升在线学习技能是适应在线教育的必要条件。为了更好地利用网上教育的优点，大学生必须具有一定的网上学习素质与能力。首先，大学生要建立起在线学习的主体意

177

识，要明白网上的学习是一种自主的、主动的、有目的的学习方法，它要求学生对自己的学习负责任，主动寻找学习的辅助，并对自己的学习策略进行持续的反省和完善。其次，加强大学生的自学能力，比如明确目标、改善方式、控制时间，以及保持良好的学习心态。最后，学生应该积极地参加到在线学习中来，并且要与老师、同学们积极地交流、合作，将网上的学习平台和资源发挥到最大的作用，以此来扩大自己的学习视野，充实自己的学习内容，提高自己的学习效率。

三、提高学习获得感

根据最近发展区理论，恰当的学习任务有一定难度，但是又没有难到无法下手的程度，学生经过努力是可以完成的。为学生设置适当的学习目标、适当的学习任务，让学生在线学习过程中获得成功经验，提高自我效能。设置合适的学习目的，合理分配学习任务，让学生在线学习过程中体验到成功的感觉，并增强其对在线学习的自信心。作业难度过大，会打击学生的学习热情、积极性，过于简单的工作就没有挑战性了，学生们不会把这些成就归功于他们自己的能力，因而也就缺少了不断挑战的动力。从难易程度上讲，以最近发展区为基础，循序渐进地向核心知识和技能延伸。此外，为最大限度地提高学生的学习获得感，应清楚地阐明或解释所选课程的难度与内容。

四、制定明确的学习计划

线上教育和传统的线下教学一样，学生在课前都应该提前预习本节课所要学习的内容，对本节课要讲的知识点有一定的了解，制定明确的学习计划。教师在进行线上教学时，由于要专注自身的授课内容，通常不能看到每个学生听课时的状态，无法及时发现学生对所讲内容的接受程度，因此也就没法控制在课堂上应该教授多少知识。学生在上网课时往往会发现要比线下上课累，这就要求学生必须提前预习，并对所不理解的内容进行标注，上课时可以根据标注着重听讲知识点。除此之外，学生也应该根据自身的身体状况和学习情况等，合理安排自身的学习时间，制定一定的学习计划，给每天的课余时间做一定的规划，劳逸结合，以确保拥有一个高效的学习体验。

五、合理利用线上学习工具

学习是一个从无到有，慢慢积累的过程，没有学生可以在听一遍教师讲的内容后就什么都会了，学习过程中不可避免地会遇到自己不理解的知识。以前我们在上学时最常听家长讲的一句话就是"不懂的知识要及时问同学、老师"，线上教学在这点上为学生提供了便利。当我们在家上网课遇到不懂的问题时，我们可以利用互联网找到解决这类问题的文字、视频等。与此同时，在线教学平台通常都配备了各种各样的学习工具，比如在线图书馆，专业的视频讲解等，学生应该善于且合理利用这些学习工具，例如在学习外语时可以通过观看视频提高自身的听力和口语水平，大学生在进行学术研究时，可以通过线上图书馆来进行文献查询等。但我们一定要养成独立思考的习惯，不能过度依赖学习工具，做到合理且有效地使用线上学习工具。

六、建立在线教学能力评价和激励机制

为了提高教师在线教学的积极性和主动性，应该建立一套科学、公正、有效的在线教学能力评价和激励机制，将在线教学能力纳入教师绩效考核、职称评审、岗位晋升等方面，给予教师相应的奖励和支持。同时，应该加强对教师在线教学的监督和反馈，及时发现和解决教师在线教学中遇到的困难和问题，帮助教师不断提高在线教学质量和效果。在线教学能力评价和激励机制应该考虑教师在线教学的多维度和多层次，如教师的在线教学态度、在线教学设计等，以及教师的在线教学知识、技能、策略、创新等，综合评价教师在线教学的全面性和深入性，给予教师合理的分数和等级。在线教学能力评价和激励机制应该采用多种方式和

渠道，如教师自评、学生评价、同行评审、专家评估、数据分析等，以及奖金、荣誉、证书、培训、交流等，形成一个多元化和动态化的在线教学能力评价和激励体系，激发教师在线教学的动力和潜力。

七、丰富在线教育的内容和形式

为了充分发挥在线教学的优势和特色，应该鼓励教师利用在线教学的灵活性和多样性，丰富教学内容和形式，结合教学目标和学生特点，设计有趣、有用、有意义的在线教学活动，如在线实验、在线游戏、在线讨论、在线合作等，提高教学的互动性和参与性，激发教师在线教学的兴趣和热情。同时，应该充分利用在线教学的开放性，促进教师之间的交流和合作，共享优质的在线教学资源和经验，提高教师在线教学的专业性和影响力。为了发挥在线教学的优势和特色，教师应该在在线教学中注意以下几点：一是教师应该根据教学目标和学生特点，合理选择和使用在线教学的资源和平台，如视频、音频、图片、文本、动画、模拟、游戏等，以及公开课、微课、MOOC、VR、AR、AI等，使教学内容更加生动有趣，吸引学生的注意力和兴趣；二是教师应该根据教学内容和形式，设计和组织适合在线教学的活动，如在线实验、在线游戏、在线讨论、在线合作等，使教学过程更加互动，调动学生的积极性和主动性；三是教师应该根据教学效果和反馈，评价和改进在线教学的质量和效果，如在线测试、在线问卷、在线评价、在线反馈等，使教学结果更加准确和有效，提高学生的学习成绩和满意度；四是教师应该根据教学经验和需求，交流和共享在线教学的资源和经验，如在线论坛、在线社区、在线博客、在线课堂等，使教学经验更加丰富和专业，提高教师的教学水平和影响力。

八、合理整合线上教学资源

当今社会是一个信息高度发达的社会，针对同一知识，互联网上可以找到各种各样的网课，全国各地一些优秀教师的教学模式在互联网得以广泛传播。作为一名与时俱进的优秀教师，可以在备课期间参考借鉴其他一些比较好的教学模式，改良自身的教学方法，取其精华，去其糟粕。同时，通过互联网这个媒介，教师平时可以尽可能多地积累一些与课堂相关的网络素材，以增加课堂的趣味性。线上教学主要依赖于互联网，单纯依靠教师的一张嘴去传授知识很容易让学生产生疲惫感，从而使学生们失去对课堂的兴趣。因此，积累教学素材，整合教学资源，利用图片、声音、视频等教学资源对学生进行刺激，这是做好线上教学的必要措施。

九、完善线上教育教学监管制度

在传统的教学方式下，每所学校都要确保教师出席率，以及课堂的质量，需要设立巡查小组，巡查小组的成员会不定期在上课期间选择一些班级进行抽查，检查是否有教师无故旷课，或是敷衍应对上课要求等问题，以确保学校教师能够高质量地完成教学工作。但近些年由于线上教育教学的突然流行，许多学校在线上教学监督这一方面措施不够完善，许多学校缺乏线上教育教学的监督制度。同时有一些教师由于自身传统观念还没有得以转变，认为线上教学并不能和传统的教育相提并论，忽视了线上教育教学的重要性。这就使得在许多课堂上，常常发生上着课却没有教师的情况，或是教师长期利用课堂时间让学生自习的情况。这些情况的存在，使得线上教育的效率往往远低于线下教育，所以从学校的角度来看，本书认为学校应该加以完善其有关线上教育的监管制度。

十、加强在线教学培训和指导

应强化网络教育训练与引导，以提升教师的网络教育水平与能力，让教师掌握在线教学的基本理论、原则、规律和方法，熟悉在线教学的相关技术、工具和平台，学习借鉴优秀的在线教学案例和经验，提升教师在线教学的思维和创新能力。同时，应该根据教师的不同需求和水平，提供个性化和差异化的在线教学培训和指导，帮助教师解决在线教学中遇到的具体问题和困难，提高教师在线教学的自信和满意度。在线教学培训和指导应该采用多种形式和方式，如线上培训、线下研讨、混合学习、同步互动、异步反馈等，以适应教师的不同学习风格和习惯，提高教师的学习效率和效果。在线教学培训和指导应该注重教师的实践和应用，不仅让教师了解在线教学的理论和技术，还要让教师实际操作和体验在线教学的过程和方法，通过模拟、演示、实战等方式，提高教师的在线教学技能和水平。在线教学培训和指导应该建立一个良好的学习氛围和支持系统，如建立教师在线教学的学习社区、学习伙伴、学习导师等，鼓励教师之间的交流和协作，分享教师在线教学的心得和经验，增强教师在线教学的信心和满意度。

十一、选择合适的线上教学平台

线上教学平台的存在能够为教师和学生提供一个视频上课的场所，使得教师可以在不与学生接触的情况下完成自身的教学任务，学生也可以在一个相对安全的环境下接受教育，既避免了病毒的传播，又不耽误正常的教育教学工作。随着线上教学的兴起，互联网上的线上教学平台也逐渐多了起来，但其质量参差不齐，有些教学平台用户数量多的时候还会出现卡顿、闪退等现象，严重影响教师和学生上课时的体验感和线上教学的效率。如果采用低品质的平台，教师的体验感就会下降，进而影响他们的在线教育意愿。选择一个合适的线上教学平台，不仅能提高教师线上教学的供给意愿，同时也会提高线上教育的质量和效率。

十二、优化在线课程网络平台

作为网络教育的一个主要载体，虚拟学习空间要发挥其优势，给学生们带来更好的用户体验、稳定的技术支撑、丰富的功能与服务，可以满足不同学科、年级，以及不同层次的学习需要。网络教学资源应该是高品质、高效率、高适应性的，它可以体现出教育思想、教学规律和学习规律，同时也要突出交互性、趣味性和实用性，以此来提高学生的学习兴趣，提高学习能力。课程的质量对学生在线学习的意愿有很大的影响，因此，课程的内容必需满足学生的学习需要与兴趣，反映出教育思想与教学规律，要注重交互性、趣味性和实用性，以此来提高学生的学习兴趣，提高他们的学习能力。教学内容应与时代同步，体现时代发展趋势，体现学科前沿，增强学生在教学中的成就感。

十三、增加在线教学资源和平台的投入和建设

为了保证教师在线教学的顺利进行，应该增加在线教学资源和平台的投入和建设，提供教师所需的硬件设备、软件工具、教学内容、教学方法等各方面的支持。同时，应该加强在线教学资源和平台的管理和维护，确保资源的质量和安全，平台的稳定和高效，为教师在线教学提供良好的条件和环境。在网络教学资源与平台的投入与建设上，要针对不同的教师网络教育的需要与特征，采用多种形式和途径，如政府资助、社会捐赠、教学单位配套、教师自筹等，充分利用现有资源和平台，也积极开发和引进新的网络资源和平台，如虚拟现实、增强现实、人工智能等，提高在线教学资源和平台的数量和质量。在线教学资源和平台的管理和维护应该建立一套完善的制度和机制，明确资源和平台的使用规范和责任主体，加强资源和平台的更新和优化，及时处理资源和平台的故障和问题，保障资源和平台的安全和稳定，为教师在线教学提供有效的保障和支持。

十四、加强在线教学的研究和创新

为了不断提高教师在线教学的水平和质量，应该加强在线教学的研究和创新，探索在线教学的规律和模式，结合教

育教学的实际需求和发展趋势，运用先进的理论和技术，创新在线教学的内容和方法，提升在线教学的效果和价值。同时，应该加强在线教学的评估和反馈，运用数据分析、学习分析等手段，及时收集和分析教师在线教学的相关数据和信息，评价教师在线教学的过程和结果，反馈教师在线教学的优势和不足，为教师在线教学的改进和提高提供依据和建议。在线教学的研究和创新应该紧跟教育教学的发展和变化，关注在线教学的热点和难点，如在线教学的理论基础、教学模式、教学策略等，运用教育学、信息技术等相关学科的知识和方法，进行深入的理论探讨和实证研究，揭示在线教学的本质和特征，总结在线教学的规律和原则，构建在线教学的理论体系和实践模式，为在线教学的实施和发展提供科学的指导和支持。在线教学的研究和创新应该注重教育教学的实际效果和价值，关注在线教学的目的和意义，如在线教学的质量保障、效果评估、价值实现等，运用数据科学、学习科学等相关领域的技术和工具，进行有效的数据收集和分析，评价在线教学的输入和输出，反馈在线教学的优势和不足，为在线教学的改进和提高提供客观的依据和建议。

十五、加强家庭和社会的支持与配合

家长应为孩子提供良好的学习环境和必要的学习设备，

如安静的房间、稳定的网络、高效的电脑等，保证孩子在线学习顺利进行。家长还应鼓励和引导孩子合理安排在线学习和线下生活，平衡学习和休闲，避免过度学习或放松，培养孩子的自律和责任。家长还应关心和支持孩子的学习进步和成长，及时表扬和奖励孩子的学习成果，鼓励和激励孩子接受学习挑战，促进孩子的自信和自尊。社会环境也是重要的一环。首先，社会应加大对在线学习的投入和支持，为在线学习提供优质的网络和技术条件，保障在线学习的稳定和安全，提高在线学习的效率和便利。其次，社会应为在线学习提供多元的资源和服务，如优秀的教师、丰富的课程、专业的指导、有效的认证等，满足在线学习的多样化和个性化的需求，提高在线学习的质量和水平。最后，社会还应为在线学习提供广阔的平台和空间，如公共的图书馆、开放的学习中心、共享的学习社区等，增加在线学习的机会和选择，扩大在线学习的影响和价值。

附录 A

大学生线上教育效果的调查研究

1. 您的性别［单选题］*

A. 男

B. 女

2. 您的年龄（岁）［填空题］*

_____

3. 您目前的政治面貌是？［单选题］*

A. 中共党员

B. 非中共党员

4. 您认为您目前的身体健康状况是？［单选题］*

A. 非常不健康

B. 比较不健康

C. 一般

D. 比较健康

E. 非常健康

5. 您每个月的生活费水平（元）［单选题］*

A. 1000 元以下

B. 1000～2000 元

C. 2001～3000 元

D. 3000 元以上

6. 您的家庭总人口是？（人）［填空题］*

_____

7. 您家庭的住房面积是？（平方米）［单选题］*

A. 50 以下

B. 50～100

C. 101～150

D. 150 以上

8. 您认为您的家庭经济情况是？［单选题］*

A. 远低于平均水平

B. 低于平均水平

C. 平均水平

D. 高于平均水平

E. 远高于平均水平

9. 您的家庭全年总收入属于以下哪个区间？［单选题］*

A. 40000 元以下

B. 40000 ~ 80000 元

C. 80001 ~ 120000 元

D. 120001 ~ 160000 元

E. 160000 元以上

10. 您的兄弟姐妹数量（个）［单选题］*

A. 0

B. 1

C. 2

D. 3

E. 4 及以上

11. 您父亲的工作状态是？［单选题］*

A. 无工作

B. 从事农业工作

C. 从事非农业工作

12. 您母亲的工作状态是？［单选题］*

A. 无工作

B. 从事农业工作

C. 从事非农业工作

13. 您父亲的受教育程度是？［单选题］*

A. 小学及以下

B. 初中

C. 普高、职高、中专、技校

D. 大专及以上

14. 您母亲的受教育程度是？［单选题］*

A. 小学及以下

B. 初中

C. 普高、职高、中专、技校

D. 大专及以上

15. 您的学校处于何种水平？［单选题］*

A. 985 或 211 高校

B. 一般本科院校

C. 大专院校

16. 您学校的性质 ［单选题］*

A. 公办高校

B. 民办高校

17. 您学校的类型为？［单选题］*

A. 综合类大学

B. 理工类大学

C. 师范类大学

D. 财经类大学

E. 医科类大学

F. 其他

18. 您学校所在的城市类型 ［单选题］*

A. 省会城市

B. 地级市或其他

19. 您学校的教师人数（人）［单选题］*

A. 500 以下

B. 500～1000

C. 1000 以上

20. 您学校的学生人数（人）［单选题］*

A. 10000 以下

B. 10000 ~ 30000

C. 30000 以上

21. 您的学校是否有硕士点和博士点［单选题］*

A. 均无

B. 仅有硕士点

C. 均有

22. 您的专业属于下列哪个类别？［单选题］*

A. 自然科学

B. 人文社会科学

C. 外语、语文、数学科目

23. 您所在的年级？［单选题］*

A. 大一

B. 大二

C. 大三

D. 大四

E. 研究生

24. 您对线上教育学习的意愿如何？［单选题］*

A. 非常愿意

B. 愿意

C. 一般

D. 不愿意

E. 非常不愿意

25. 您进行线上教育学习的频率如何？［单选题］*

A. 非常频繁

B. 频繁

C. 一般

D. 不频繁

E. 非常不频繁

26. 您进行线上学习时一般会使用什么软件？［单选题］*

A. QQ

B. 钉钉

C. 腾讯会议

D. 其他

27. 您平常喜欢使用什么设备上网学习？［单选题］*

A. 手机

B. 电脑

C. 平板

D. 电视

28. 您参加网络线上学习时，更注重什么方面？［单选题］*

A. 课程内容

B. 授课老师

C. 学习体验

D. 学习进度

E. 证书认证

29. 您认为线上教育的优点是？［单选题］*

A. 不懂的内容可以反复观看

B. 随时随地可以观看

C. 可以挑重点观看

D. 记笔记时可以暂停

E. 其他

30. 您认为线上教育的缺点是？［单选题］*

A. 需要有一定的自制力

B. 对网络质量的要求较高

C. 在课上老师可能无法及时解答疑问

D. 其他

31. 线上课程结束后，您是否会观看回放？［单选题］*

A. 经常

B. 有时

C. 偶尔

D. 从不

32. 线上教育对您的学习积极性会产生何种影响？［单选题］*

  A. 积极影响

  B. 无影响

  C. 消极影响

33. 在线上学习过程中，您平时参与课堂互动的频率如何？［单选题］*

  A. 经常参与

  B. 时不时参与

  C. 偶尔参与

  D. 从不参与

34. 在线上学习中，您对课堂互动效果的满意程度？［单选题］*

  A. 非常满意

  B. 满意

  C. 一般

  D. 不满意

  E. 非常不满意

35. 在学习线上课程时，您每节课的有效学习时间为？
[单选题]*

    A. 15 分钟以下

    B. 15 分钟到 30 分钟

    C. 30 分钟以上

36. 您在线上学习过程中的投入状态如何？[单选题]*

    A. 全身心投入

    B. 较为投入

    C. 不太投入

    D. 无法投入

37. 在线上学习过程中，您能听懂课堂内容的程度为？
[单选题]*

    A. 完全能听懂

    B. 能听懂大部分

    C. 能听懂一半

    D. 能听懂小部分

    E. 完全听不懂

38. 通过线上学习后，您觉得您的学习效率变化如何？
[单选题]*

    A. 提升

B. 无变化

C. 下降

39. 通过线上教育学习后，您觉得您的学习成绩变化如何？［单选题］*

A. 提升

B. 无变化

C. 下降

40. 线上学习之前，您在班级里成绩排名属于哪个区间？［单选题］*

A. 前 20%

B. 21% ~ 40%

C. 41% ~ 60%

D. 61% ~ 80%

E. 81% ~ 100%

41. 线上学习之后，您在班级里成绩排名属于哪个区间？［单选题］*

A. 前 20%

B. 21% ~ 40%

C. 41% ~ 60%

D. 61% ~ 80%

E. 81% ~ 100%

42. 经过线上学习，您对您的成绩满意度如何？［单选题］*

A. 非常满意

B. 满意

C. 一般

D. 不满意

E. 非常不满意

43. 您对线上教育的整体满意度如何？［单选题］*

A. 非常满意

B. 满意

C. 一般

D. 不满意

E. 非常不满意

44. 您认为线上教育和线下教育相比效果如何？［单选题］*

A. 线上更好

B. 差不多

C. 线下更好

45. 您理想中的学习方式是什么样的？［单选题］*

A. 线下学习

B. 线下、线上结合学习

C. 线上学习

46. 您认为未来线上教育是否会逐步替代线下教育？
［单选题］*

A. 会

B. 不一定

C. 不会

47. 您所在的地区［单选题］*

A. 西部地区

B. 中部地区

C. 东部地区

附录 B

大学教师线上教育效果的调查研究

1. 您的性别 ［单选题］*

A. 男

B. 女

2. 您的年龄（岁）［填空题］*

_____

3. 您的最高学历是？［单选题］*

A. 研究生

B. 大学本科

C. 大学专科及以下

4. 您的最高学位是？［单选题］*

A. 博士

B. 硕士

C. 学士

5. 您认为您目前的身体健康状况如何？［单选题］*

A. 非常不健康

B. 比较不健康

C. 一般

D. 比较健康

E. 非常健康

6. 您目前的政治面貌是？［单选题］*

A. 中共党员

B. 非中共党员

7. 您的婚姻状况是？［单选题］*

A. 单身

B. 已婚

8. 您的全年总收入属于以下哪个区间？［单选题］*

A. 40000 元以下

B. 40000～80000 元

C. 80001～120000 元

D. 120001～160000 元

E. 160000 元以上

9. 您的家庭总人口是?（人）［填空题］*

_____

10. 您的住房面积是?（平方米）［单选题］*

A. 50 以下

B. 50 ~ 100

C. 101 ~ 150

D. 150 以上

11. 您认为您的家庭经济情况是?［单选题］*

A. 远低于平均水平

B. 低于平均水平

C. 平均水平

D. 高于平均水平

E. 远高于平均水平

12. 您的家庭全年总收入属于以下哪个区间?［单选题］*

A. 40000 元以下

B. 40000 ~ 80000 元

C. 80001 ~ 120000 元

D.　120001 ~ 160000 元

E.　160000 元以上

13.　您的兄弟姐妹数量（个）［单选题］*

A. 0

B. 1

C. 2

C. 3

D. 4 及以上

14.　您所任职的学校处于何种水平？［单选题］*

A.　985 或 211 高校

B.　一般本科院校

C.　大专院校

15.　您所任职的学校的性质 ［单选题］*

A.　公办高校

B.　民办高校

16.　您所任职的学校的类型为？［单选题］*

A.　综合类大学

B.　理工类大学

C.　师范类大学

D. 财经类大学

E. 医科类大学

F. 其他

17. 您任职的学校所处城市类型［单选题］*

A. 省会城市

B. 地级市或其他

18. 您任职的学校的教师人数（人）［单选题］*

A. 500 以下

B. 500 ~ 1000

C. 1000 以上

19. 您任职的学校的学生人数（人）［单选题］*

A. 10000 以下

B. 10000 ~ 30000

C. 30000 以上

20. 您任职的学校是否有硕士点和博士点？［单选题］*

A. 均无

B. 仅有硕士点

C. 均有

21. 您教授的科目属于下列哪个类别？［单选题］*

A. 自然科学

B. 人文社会科学

C. 外语、语文、数学学科

22. 您的教龄多长？［单选题］*

A. 1~3 年

B. 4~6 年

C. 7~9 年

D. 10 年及以上

23. 进行线上授课之后，您收入水平的变化［单选题］*

A. 下降

B. 不变

C. 提升

24. 您对线上教学意愿如何？［单选题］*

A. 非常愿意

B. 愿意

C. 一般

D. 不愿意

E. 非常不愿意

25. 您是否进行过线上教学的相关培训？［单选题］*

A. 是

B. 否

26. 您认为对教师进行线上教育的相关培训是否有必要？［单选题］*

A. 是

B. 否

27. 您认为线上教学对您的学生学习积极性会产生何种影响？［单选题］*

A. 积极影响

B. 无影响

C. 消极影响

28. 您进行线上授课时一般倾向于使用什么软件？［单选题］*

A. QQ

B. 钉钉

C. 腾讯会议

D. 其他

29. 授课时您倾向使用平台的什么应用？［单选题］*

A. 直播课堂

B. 录播课堂

C. 讨论互动课堂

D. 在线问答和咨询

30. 您觉得您对线上教学平台技术的掌握熟练吗？［单选题］*

A. 非常熟练

B. 熟练

C. 一般

D. 不熟练

E. 非常不熟练

31. 您认为在进行线上教育之后，学生是否有必要反复观看回放？［单选题］*

A. 是

B. 否

32. 在进行线上教学时，您进行课堂互动的频率如何？［单选题］*

A. 非常频繁

B. 频繁

C. 一般

D. 不频繁

E. 非常不频繁

33. 在线上教育中，您进行课堂互动的形式是？［单选题］*

A. 点名提问

B. 小组在线讨论

C. 线上发布问题在线测试

D. 其他

34. 在线上教育中，您对课堂互动效果的满意程度？［单选题］*

A. 非常满意

B. 满意

C. 一般

D. 不满意

E. 非常不满意

35. 您认为线上互动是否会提高学生学习积极性？［单选题］*

A. 是

B. 否

36. 通过线上教学后，您觉得学生的学习成绩变化如何？[单选题] *

　　A. 提升

　　B. 无变化

　　C. 下降

37. 经过线上学习，您对您学生的成绩满意度如何？[单选题] *

　　A. 非常满意

　　B. 满意

　　C. 一般

　　D. 不满意

　　E. 非常不满意

38. 线上教育期间您是否能衡量学生对您教授内容的理解和掌握程度？[单选题] *

　　A. 是

　　B. 否

39. 线上教育期间您是否能根据学生的理解和掌握程度及时调整教学进度？[单选题] *

　　A. 是

　　B. 否

40. 您对线上教育的整体满意度如何？［单选题］*

A. 非常满意

B. 满意

C. 一般

D. 不满意

E. 非常不满意

41. 您认为线上教育和线下教育相比效果如何？［单
选题］*

A. 线上更好

B. 差不多

C. 线下更好

42. 您认为未来线上教育是否会逐步替代线下教育？
［单选题］*

A. 会

B. 不一定

C. 不会

43. 您所在的地区［单选题］*

A. 西部地区

B. 中部地区

C. 东部地区

参 考 文 献

[1] 白永国，白雪．基于结构方程的学习者在线学习参与度与持续学习意愿影响研究 [J]．吉林化工学院学报，2019，36（12）：46－50．

[2] 拜争刚，范源，刘少堃等．CBL教学模式与传统教学模式在循证医学教学中的比较研究 [J]．中国高等医学教育，2016（04）：69－70．

[3] 班蓓．新媒体时代传统大学英语课堂教学改革策略 [J]．英语广场（学术研究），2015（02）：97－98．

[4] 卜彩丽，杨帆．YY教育：一种在线教育新形式 [J]．现代教育技术，2014，24（09）：94－100．

[5] 蔡慧英，卢琳萌，董海霞．"教师—研究者"协同设计提升职前教师在线教学能力的策略研究 [J]．开放教育研究，2021，27（06）：69－79．

[6] 陈丽．远程教育学基础 [M]．北京：高等教育出版社，2004．

［7］陈丽竹 . 高校教师在线教学行为与在线学习成效研究［J］. 继续教育研究，2023（09）：56 - 60.

［8］陈田子，周喜华 . 数字化学习时代大学生在线学习投入的现状及相关影响因素［J］. 中国成人教育，2023（15）：22 - 27.

［9］陈武元，贾文军 . 大学生在线学习体验的影响因素探究［J］. 华东师范大学学报（教育科学版），2020，38（07）：42 - 53.

［10］迟凤阳，刘海成，宋海岩等 . 基于学习分析的线上课程学习效果评价方法研究［J］. 中国现代教育装备，2023（11）：18 - 20，27.

［11］崔春阳，戴心来，单畅 .MOOC 学习者持续学习意愿影响因素研究［J］. 中国教育信息化，2017（15）：5 - 8，12.

［12］戴明华，张红哲，梁延德等 . 线上线下混合式先进制造技术实训教学探索［J］. 实验室研究与探索，2021，40（06）：150 - 153.

［13］刁海军，黄健，张克生等 . 高职学生在线学习体验及其影响因素分析［J］. 太原城市职业技术学院学报，2023（10）：118 - 120.

［14］董延军 . 网上教育的现状与未来［J］. 内蒙古电大学刊，2002（04）：30 - 31.

［15］樊瑛，潘玉娇，程晓多等 . 医学课程在线教学学

习效果评价体系研究 ［J］. 中国中医药现代远程教育，2024，22 （02）：180 － 182.

［16］樊勇. 浅谈丰田教学模式与中国传统教学模式的比较 ［J］. 中国新通信，2018，20 （11）：199.

［17］范欢欢. 浅谈网络教育供给模式 MOOC 的利与弊 ［J］. 赤子（上中旬），2015 （12）：67.

［18］方慧. 在线教育供给侧结构性改革：契机、重点与建议 ［J］. 成人教育，2021，41 （02）：24 － 30.

［19］冯素珍，孙莹. 基于自我评价视角的本科高校学生在线学习状态对学习效果影响研究 ［J］. 大学，2023 （04）：105 － 108.

［20］高铁刚，张冬蕊，耿克飞. 数字教育资源公共服务供给机制研究——基于 1996—2018 年教育信息化政策变迁的研究 ［J］. 电化教育研究，2019，40 （08）：53 － 59.

［21］葛岩，崔璐，郭超. 在线学习需求分析及优化策略研究 ［J］. 高等工程教育研究，2023 （06）：125 － 131.

［22］公卉. 在线教育背景下教师的角色定位与职业发展 ［J］. 继续教育研究，2023，30 （12）：31 － 35.

［23］韩汶轩. 混合教学模式下高校思想政治教育模式研究 ［J］. 纳税，2018，2 （13）：223，226.

［24］何克抗. e － Learning 的本质——信息技术与学科课程的整合 ［J］. 电化教育研究，2002，22 （01）：3 － 6.

［25］胡妮. 网络环境下大学生英语在线学习效果的影

响因素探析［J］. 吉林广播电视大学学报，2016，21（09）：1-2.

［26］胡勇. 在线学习平台使用意向预测模型的构建和测量［J］. 电化教育研究，2014，35（09）：71-78.

［27］黄海涛. 美国高等教育中的"学生学习成果评估"：内涵与特征［J］. 高等教育研究，2010，31（07）：97-104.

［28］黄章匾. 基于师生不同视角下中医院校在线教学质量的问卷调查及对策研究——以浙江中医药大学为例［J］. 中国高等医学教育，2020（07）：39-40.

［29］黄竹胜，黄世前，沈闯. 后疫情时代《纳米科学与技术》线上线下混合教学模式探索与研究——以唑来膦酸钆纳米棒的合成与表征为例［J］. 广东化工，2024，51（01）：155-157.

［30］籍建东. 研究型教学模式与传统教学模式的比较［J］. 职教论坛，2011，18（05）：43-45.

［31］贾文军，黄玉珍，陈武元. 大学生在线学习体验：影响因素与改进策略［J］. 高等教育研究，2021，42（03）：60-69.

［32］姜姗，曹莉. 基于学习分析技术的在线教学效果评价系统的设计与实现［J］. 电脑知识与技术，2021，17（17）：112-113.

［33］姜钰. 微课程：在线教育新模式［J］. 出版参考，

2014，21（03）：19-20.

[34] 蒋志辉，赵呈领．学习者满意度：在线学习中教师支持服务的终极归宿 [J]．现代远距离教育，2018（06）：51-59.

[35] 蒋卓轩，张岩，李晓明．基于 MOOC 数据的学习行为分析与预测 [J]．计算机研究与发展，2015，52（03）：614-628.

[36] 荆永君，李昕，姜雪．在线学习行为意向影响因素分析及后疫情时代的教育启示 [J]．中国电化教育，2021（06）：31-38.

[37] 康晓凤，鲍蓉，厉丹．大学生在线学习行为投入评测的研究 [J]．中国现代教育装备，2023，23（23）：19-21.

[38] 柯清超，王朋利，张洁琪．数字教育资源的供给模式、分类框架及发展对策 [J]．电化教育研究，2018，39（03）：68-74.

[39] 兰欣怡，陈钰．新冠肺炎疫情期间大学生线上学习效果及影响因素调查——以某大学为例 [J]．经济研究导刊，2022（32）：122-124.

[40] 雷延霞．多媒体教学与传统教学模式优劣比较分析 [J]．中国市场，2016，23（33）：290-291.

[41] 李璠．碎片化对学生在线学习效果及持续学习意愿的影响研究 [D]．北京邮电大学，2019.

［42］李俊峰．高职"会计信息系统应用"课程在传统教学模式下存在的弊端和原因分析［J］．中国管理信息化，2020，23（17）：83－84．

［43］李绿山，唐一晗，刘凤娟．SDT 和 ISCT 视角下教师混合教学意愿影响因素研究［J］．通化师范学院学报，2023，44（06）：103－112．

［44］李倩舒．供给侧改革视角下在线教育供给新模式探析［J］．山东广播电视大学学报，2019，16（03）：21－24．

［45］李强，卢尧选．学生学习成绩和学习能力影响因素之研究——四个维度的分析框架初探［J］．西北师大学报（社会科学版），2019，56（03）：5－14．

［46］李尤，孙东瑞．远程教育环境下的微课程资源开发与运用［J］．科教导刊（中旬刊），2020，12（23）：38－39．

［47］刘珲，顾世民．"线上线下"相结合的大学英语文化类课程混合式教学模式探究［J］．中国多媒体与网络教学学报（上旬刊），2020，8（06）：1－3．

［48］刘佳新．浅析未央汉语堂对外汉语教学运行模式［J］．福建茶叶，2019，41（10）：180－181．

［49］刘建，涂清松，张玲等．线上线下协同互动的大学生生命教育创新研究［J］．湖北工业大学学报，2014，29（03）：117－120．

［50］刘建银，黄露，彭洁．高校教师在线教学行为与学生在线学习满意度分析［J］．教育与教学研究，2021，35（04）：79－88．

［51］刘京硕，崔严尹，夏昉．师生交互作用对吉林省医学生在线学习意愿的影响机制研究［J］．医学与社会，2023，36（02）：107－113，124．

［52］刘朋．信息技术环境下大学生非正式学习现状与分析［D］．华中师范大学，2013．

［53］刘述．用户视角下在线学习平台体验研究［J］．电化教育研究，2019，40（10）：47－52．

［54］刘伟，宋萑，黄嘉莉．师范生在线教学使用意愿的影响因素及作用机制——基于13所高校师范生的调查［J］．中国高教研究，2021，37（08）：48－55．

［55］刘雪伦，李爱民．O2O：智慧教育新模式［J］．中国教育技术装备，2017，24（04）：46－48．

［56］刘洋．高职院校艺术设计专业传统图案教学改革探索与实践［J］．现代职业教育，2023，9（20）：109－112．

［57］刘志军，赵永峰．新时代大学生学风建设提升路径的探索与实践［J］．黑龙江科学，2020，11（05）：132－133，136．

［58］龙鑫，纪颖，肖焕波等．疫情背景下预防医学专业本科生线上学习效果研究［J］．卫生职业教育，2023，41

（08）：97 – 100.

[59] 陆丽芳，郑蓉. 线上线下混合式教学中在线学习行为与学习效果关系研究 [J]. 工业技术与职业教育，2023，21（02）：82 – 88.

[60] 吕镇洋. 在线学习投入对学习效果的影响：学业情绪和师生互动的中介效应 [J]. 江西开放大学学报，2023，25（03）：16 – 24.

[61] 缪玲，张尚先，燕紫君. 在线学习空间数据驱动的学生评价指标体系构建 [J]. 广州广播电视大学学报，2023，23（02）：21 – 28.

[62] 穆肃，王孝金. 在线学习中深层次学习发生策略的研究 [J]. 中国远程教育，2019（10）：29 – 39，93.

[63] 牛凯，卢洋，陈皓. 从传统到现代：混合现实技术环境下体育教学改革 [J]. 武汉职业技术学院学报，2018，17（05）：50 – 53.

[64] 皮国强，马诗贵. 大学生在线学习系统的构建与实现 [J]. 软件导刊，2011，10（09）：188 – 189.

[65] 任华亮. 传统人力资源管理教学模式改革的思考 [J]. 产业与科技论坛，2012，11（18）：158 – 159.

[66] 任岩. 在线学习者持续学习意愿的影响因素研究 [J]. 开放学习研究，2021，26（05）：9 – 16.

[67] 邵雅黎. 近年来传统教学模式的研究综述 [J]. 山西青年职业学院学报，2014，27（04）：102 – 104.

[68] 沈宏兴，郝大魁，江婧婧．"停课不停学"时期在线教学实践与疫后在线教学改革的思考——以上海交通大学为例 [J]．现代教育技术，2020，30（05）：11-18.

[69] 沈义军，宋建军，姜波．"慕课"的影响力：高校面对机遇与挑战 [J]．江苏理工学院学报，2014，20（05）：91-93.

[70] 生俊青．在校大学生在线学习行为与效果相关性分析 [J]．产业与科技论坛，2021，20（09）：97-99.

[71] 宋瑾瑜．大学生在线思政课程学习满意度与持续学习意愿的影响因素研究——基于学生视角的实证研究 [J]．太原城市职业技术学院学报，2023，（07）：145-150.

[72] 孙爱晶，范九伦，张二锋．教育数字化背景下高校教师在线教学持续使用意愿的实证研究——以S省为例 [J]．高教学刊，2023，9（27）：97-100.

[73] 谭舒，张秀琦．基于人工智能的在线教育现状的研究 [J]．中国教育技术装备，2023（11）：32-35.

[74] 汤斯敏．大学生在线学习行为的影响因素研究——以某高校为例 [J]．现代经济信息，2020，17（09）：164-165.

[75] 唐柱斌．高校在线教育供给侧结构性改革概述 [J]．现代职业教育，2021（30）：130-131.

[76] 田娜，陈明选．网络教学平台学生学习行为聚类

分析 [J]. 中国远程教育，2014 (11)：38 - 41.

[77] 童莉莉，王艺婷. 学习内驱力提升导向下的在线课程信息传播效果评价指标体系研究 [J]. 中国电化教育，2017，24 (08)：108 - 112.

[78] 万春，李新，肖文华. 疫情期"停课不停学"网络教学师生参与意愿、效果及问题研究 [J]. 河北工程大学学报（社会科学版），2020，37 (01)：122 - 128.

[79] 万昆，饶爱京，徐如梦. 哪些因素影响了学习者的在线学习投入？——兼论智能时代在线学习的发展 [J]. 教育学术月刊，2021 (06)：97 - 104.

[80] 汪磊，魏伟. 基于学生核心素养培育的新冠肺炎疫情下教师角色探析——以"大学生心理健康"课程线上教学模式为例 [J]. 中国医学教育技术，2020，34 (05)：543 - 547.

[81] 王晶，司凤山，李会. 线上学习效果评价及其影响因素 [J]. 辽东学院学报（自然科学版），2021，28 (03)：224 - 228.

[82] 王钱永，毛海波. 基于 UTAUT 模型的 MOOC 学习行为因素分析 [J]. 电化教育研究，2016，37 (06)：43 - 48.

[83] 王绍峰，黄荣怀. 在线主动学习意愿的产生机理与提升策略 [J]. 开放教育研究，2020，26 (05)：99 - 110.

[84] 王伟军，甘春梅. 学术博客持续使用意愿的影响

因素研究 [J]. 科研管理, 2014, 35 (10): 121 – 127.

[85] 王文岚, 尹弘飚. 简析课程改革中的教师认同感 [J]. 上海教育科研, 2007, 26 (02): 28 – 29.

[86] 王晓雨. 浅谈教师教学态度对教学效果的影响 [J]. 知识经济, 2017, 19 (09): 157, 159.

[87] 王胤丰, 闫强. 基于 UTAUT 模型的学生 MOOC 学习意愿的影响因素研究 [J]. 北京邮电大学学报 (社会科学版), 2016, 18 (02): 96 – 103.

[88] 王友环. 基于在线课程质量标准的教师在线教学能力提升路径探究 [J]. 科技风, 2023 (34): 37 – 39.

[89] 王泽蘅. 在线学习行为意愿的影响因素及 OMO 教学实践启示——以信管专业大学生为例 [J]. 现代商贸工业, 2023, 44 (18): 96 – 98.

[90] 魏丹丹, 曾月平. 大学生在线学习投入的影响因素研究 [J]. 中国教育信息化, 2023, 29 (09): 74 – 81.

[91] 文静. 大学生学习满意度的提升路径及优化方略 [J]. 国家教育行政学院学报, 2019 (08): 58 – 65.

[92] 文雯, 周璐, 马志新. 在线教育常态化背景下大学生在线课程学情分析 [J]. 教育发展研究, 2023, 43 (05): 28 – 36.

[93] 吴凡, 陈诗敏. 大学生在线学习效果及其影响机制研究——基于 F 省高校大学生在线学习经验调查 [J]. 高校后勤研究, 2023 (11): 72 – 77.

［94］吴华，葛晓强．E－Learning——教师培训的有效方法［J］．全球教育展望，2005，34（09）：11－14.

［95］吴娇，黄威荣，杨晓娟．数字教育资源赋能课后服务的内在逻辑、应用场景及未来趋势探析［J］．电脑知识与技术，2023，19（34）：157－160.

［96］吴静涛，朱秋霞，孙经纬．提高学生在线学习参与度的策略研究［J］．电脑知识与技术，2020，16（01）：225－226.

［97］吴青，罗儒国．基于在线学习行为的学习成绩预测及教学反思［J］．现代教育技术，2017，27（06）：18－24.

［98］吴宛瑜．我国在线教育发展影响因素的实证分析［J］．品位·经典，2023（18）：169－172.

［99］伍智敏，谢立才．刍议大学英语教学改革中的传统教学模式［J］．湖南科技学院学报，2005，1（02）：226－227.

［100］项聪，陈小平，卢开聪．高校在线教学效果及其影响因素的实证研究［J］．中国大学教学，2021（Z1）：93－99.

［101］肖戴敏，邹世豪，陈沛栩等．新冠疫情的教育背景下学生在线学习意愿的影响因素探究［J］．江苏科技信息，2022，39（04）：59－62.

［102］肖娥芳．在线教育学习效果评价研究［J］．现代

商贸工业，2023，44（07）：244-246.

[103] 肖炜，徐剑焜，孙晓敏等. 中医药快速发展背景下的综合医科大学传统中医教学改革 [J]. 时珍国医国药，2016，27（12）：3018-3020.

[104] 肖正德. 网络教研：一种促进教师专业发展的新型教研模式 [J]. 现代远距离教育，2007，24（01）：34-36.

[105] 邢毓偲. 供给侧结构性改革背景下我国在线教育企业发展路径探索 [J]. 财经界，2018（15）：133-134.

[106] 徐龙志，钱华生. 基于泛雅SPOC平台的高职混合教育模式研究——以"国际贸易实务"课程为例 [J]. 河北职业教育，2017，1（05）：10-13.

[107] 徐鹏，王以宁，刘艳华等. 教师信息技术应用能力迁移影响因子模型构建研究 [J]. 开放教育研究，2015，21（04）：106-112.

[108] 徐世东，魏鲁红. 基于教学交互理论的大学生在线学习行为与效果分析研究 [J]. 中国教育技术装备，2023，30（09）：28-30.

[109] 徐晓莹. 高校英语线上线下多样化教学模式的构建研究 [J]. 海外英语，2023，17（23）：154-156.

[110] 徐益龙，郑光永，于洪波. 疫情期间职业院校教师在线教学影响因素实证研究 [J]. 职业技术教育，

2020，41（12）：17－22．

［111］薛以胜，宋春晖，陈焕东．大学生在线学习自我调节能力及干预建议［J］．电脑知识与技术，2023，19（32）：177－180．

［112］闫艾萍，胡宇弘，邢欣．基于学习分析技术学习者在线学习行为特征研究［J］．安徽体育科技，2021，42（02）：68－73．

［113］严安，严亚兰．高校图书馆电子资源持续使用意愿影响因素实证研究［J］．图书馆论坛，2013，33（03）：43－50．

［114］严莉，杨宗凯，刘三女牙．关于高校教师与网络教学的研究综述［J］．电化教育研究，2009，29（04）：39－42．

［115］严培胜．疫情期间我校高等数学线上课程的学习行为和学习效果研究［J］．湖北经济学院学报（人文社会科学版），2021，18（12）：148－150．

［116］严鑫．影响中学体育教师教学态度因素的调查与分析［J］．运动，2015，7（18）：59－60．

［117］杨国震．优质教育资源在跨区域服务供给中的实现［J］．信息化建设，2016，19（07）：339－340．

［118］杨继波，孙炜钰．学生视角下在线学习效果影响因素实证研究［J］．中国大学教学，2022，38（10）：69－74．

[119] 杨娟，顾海明．高校在线教育供给侧结构性改革探赜 [J]．科教文汇（中旬刊），2020（29）：9－10.

[120] 叶金珠，谭勇．高校教师线上教学态度的形成：基于教师情感语言表达的研究 [J]．黑龙江高教研究，2023，41（11）：18－23.

[121] 易巧，梅思阳．实时在线教育平台持续使用意愿及其影响因素研究——基于教育者用户体验的分析 [J]．价格理论与实践，2023（06）：9－10.

[122] 余胜泉，王慧敏．如何在疫情等极端环境下更好地组织在线学习 [J]．中国电化教育，2020（05）：6－14，33.

[123] 曾旗，乔小亲．供给侧改革背景下在线教育企业发展路径选择 [J]．物流工程与管理，2016，38（12）：192－194.

[124] 张浩，唐红梅，张梅等．医学院校教师对在线教育的认可度与态度调查分析 [J]．中国高等医学教育，2018，32（12）：31－33.

[125] 张南南．慕课背景下高职学生在线学习体验研究 [J]．教育观察，2021，10（34）：110－111，124.

[126] 张鹏，孙雨霞，何津岩等．后疫情时代学生在线学习行为分析与策略研究 [J]．中国高等医学教育，2023（11）：7－9.

[127] 张遐，朱志勇．在线教师角色认同与专业发展

研究——以中国开放大学青年教师为例［J］.中国青年研究，2016，28（05）：74-79.

［128］张佑春，徐涛，朱炼.高职院校线上线下混合教学模式的探索与实践［J］.宁德师范学院学报（自然科学版），2017，29（01）：103-107.

［129］张月昕，李明.高校线上线下混合式思想政治理论课建设路径［J］.北京教育（德育），2021，14（10）：55-59.

［130］张志松.论心理拓展训练在高校心理健康教育课程教学中的应用［J］.宿州学院学报，2011，26（03）：106-108.

［131］赵官虎，潘静文，杨玲等.基于 UTAUT 模型的大学生 MOOC 学习意愿影响因素研究［J］，江苏科技信息，2015，22（25）：18-20.

［132］赵花丽.大学生在线学习效果影响因素的灰色关联分析［J］.现代职业教育，2020，6（32）：74-75.

［133］赵英，杨阁，罗萱.大学生对 MOOC 接受与使用行为的调查研究［J］.中国远程教育，2015，35（08）：37-44.

［134］赵卓嘉，应泠琛.感知价值的在线教学平台使用意愿影响因素［J］.文化创新比较研究，2018，2（18）：185-186.

［135］郑传德.基于网络云空间的在线学习效果评价

［J］．黑龙江教育（理论与实践），2021，8（06）：68－70.

［136］郑汉波．学生需求视角下网课实施效果研究——以广东 H 大学为例［J］．西部素质教育，2023，9（12）：134－138.

［137］郑宏，谢作栩，王婧．后疫情时代高校教师在线教学态度的调查研究［J］．华东师范大学学报（教育科学版），2020，38（07）：54－64.

［138］郑足红，胡超，周泳等．理工科在线教学与传统教学模式的比较［J］．湖北工程学院学报，2023，43（03）：92－95.

［139］周采．赫尔巴特的教育学与伦理学［J］．教育学报，2006（05）：3－11.

［140］朱凤．大学生超星学习通持续使用意愿提升策略研究［D］．贵州财经大学，2022.

［141］朱红灿，段港平．在线评论对在线学习平台用户使用意愿的影响［J］．开放教育研究，2021，27（01）：113－120.

［142］朱连才，王宁，杜亚涛．大学生在线学习满意度及其影响因素与提升策略研究［J］．国家教育行政学院学报，2020（05）：82－88.

［143］朱永君．线上线下双向教学综合评价体系的研究［J］．信息与电脑（理论版），2021，33（24）：250－253.

[144] 朱悦, 黄荣伟, 黄盛月. 在线学习环境下大学生持续线上学习意愿的影响因素 [J]. 浙江师范大学学报 (自然科学版), 2020, 43 (04): 388 – 395.

[145] 庄会紫. 在线学习持续意愿影响因素及其提升策略研究 [D]. 吉林大学, 2021.

[146] Agyei, D. D. , Voogt, J. M. Exploring the potential of the will, skill, tool model in Ghana: Predicting prospective and practicing teachers' use of technology [J]. Computers & Education, 2011, 56 (1): 91 – 100.

[147] Bhattacherjee, Anol. Understanding Information Systems Continuance: An Expectation – Confirmation Model [J]. Mis Quarterly, 2001, 25 (3): 351 – 370.

[148] Clark, T. Attitudes of Higher Education Faculty Towards Distance Education: A National Survey [J]. The American Journal of Distance Education, 1993, 7 (2): 19 – 33.

[149] Eisner, E. W. The Educational Imagination [M]. New York. Macmillan, 1979.

[150] Hiltz, S. R. The Virtual Classroom: Learning Without Limits Via Computer Networks [J]. Technological Forecasting & Social Change, 1996, 51 (3): 301 – 303.

[151] Jansem Anchalee. The Feasibility of Foreign Language Online Instruction During the Covid – 19 Pandemic: A Qualitative Case Study of Instructors' and Students' Reflections

［J］. International Education Studies, 2021, 14 (4): 94 –
97.

［152］ Meng Hsiang Hsu, ChaoMin Chiu. Predicting elec-
tronic service continuance with a decomposed theory of planned
behaviour ［J］. Behaviour & Information Technology, 2004,
23 (5): 359 – 373.

［153］ Oliver, R. L. A Cognitive Model of the Antecedents
and Consequences of Satisfaction Decisions ［J］. Journal of Mar-
keting Research, 1980, 17 (4), 460 – 469.

［154］ Phyllis Zhang. Optimizing Chinese Language In-
struction: Where We Are and Where We Are Going ［J］. Jour-
nal of Technology and Chinese Language Teaching, 2014, 3
(5): 66 – 69.

［155］ Roca J C, Chiu C M, Martínez F J. Understanding
E – Learning Continuance Intention: An Extension of the Tech-
nology Acceptance Model ［J］. International Journal of Human –
Computer Studies, 2006, 64 (8): 683 – 696.

［156］ Turkle, S. How Computers Change the Way We
Think ［J］. Chronicle of Higher Education, 2004, 50 (21):
26 – 28.

后　记

　　随着互联网和人工智能技术的快速发展，在线教育迅速发展普及，逐渐成为大学教育的重要手段。新时期课程改革的不断深入，对学生的学习方式提出了更高的要求，充分运用现代信息技术，如人工智能、大数据等，产生了一种新型的在线教学模式，即学生进行线上学习，教师进行网络教学。在网络教学平台上，无论是学生，还是教师，都可以打破传统教学方式的时间和空间的约束，可以在任何时间、任意地点，对自己感兴趣的东西进行点对点的学习，学习方法和教学方法都具有更大的灵活性和可控性。在国家的政策指导下，教育机构和高校纷纷加快了线上教育平台的建立，从而使在线教育教学的供给、获取和改进成为全社会关注的焦点。鉴于此，本书通过实地调研获取一手资料，从师生视角对在线教育教学进行研究，以期对我国在线教育发展做出一定的贡献。

　　在本书的撰写过程中，笔者深刻地感受到了我国在线教育教学的发展仍有很大发展空间。"互联网＋"的生态战略已成为国家重大发展战略之一，在教育领域，我国的传统教育方式面临许多困境。信息技术的发展对于教育领域具有革命性的作用，"互联网＋教育"的实践被寄予厚望。借助移动互联技术与人工智能技术的进步，为师生提供线上教学与教学服务，突破了传统教学模式的局限。在线教育教学既是技术发展的必然产物，又是人们追求教育公正与效率的现实需要。这使得研究在线教育教学，不仅有助于深化对我国目前在线教育发展的理解，更重要的是满足学生和老师多样化的学习和教学需求。

此外，本书的写作离不开团队师生的大力支持，在此向他们致以诚挚的谢意。其中，张哲柠、刘燕、宓怡秦、李金花、孙承欣、朱益太、聂灿玲、代晓楠等同学做出了优秀的助研工作。同时，向为本书的出版做出重要贡献的编校教师，以及本书中提及的专家学者表示衷心的感谢。由于作者知识水平有限，书中难免有错误和疏漏之处，恳请广大读者批评、指正。

作者
2024 年 5 月